新卒・中途 採用規程とつくり方

荻原 勝 著

経営書院

はじめに

　会社が将来にわたって成長発展していくためには、新卒者を定期的・安定的に採用し、育成していくことが必要です。
　また、業務量が増えたり、事業を拡大したりするときは、機動的に中途採用を実施し、即戦力を確保しなければなりません。
　新卒者採用も中途採用も、採用活動は、計画的・組織的かつ効率的に行うことが求められます。そのためには、採用業務の進め方について、一定の合理的・現実的な取扱基準（規程）が作成されていることが必要不可欠です。
　合理的な内部規程が作成されていないと、「必要な人員を採用できない」「内定した学生に辞退される」「能力と意欲に欠ける人物を採用してしまう」「採用経費が必要以上に増大する」など、さまざまな問題が発生します。場合によっては、男女雇用機会均等法、職業安定法その他の法令に違反する可能性もあります。
　合理的な採用規程は、どのようにして作成すればよいのでしょうか。
　本書は、新卒者、中途採用者および非正社員の採用規程を具体的に紹介したもので、次の7章で構成されています。
　　第1章　新卒者の採用
　　第2章　新卒者採用形態の多様化
　　第3章　新卒者採用の強化策
　　第4章　新卒者の定着促進
　　第5章　中途採用者の採用
　　第6章　主要職種の中途採用
　　第7章　非正社員の採用
　いずれの規程も、はじめにその趣旨を簡潔に述べたうえで、規程に盛り込むべき主要な事項を解説しました。そして、それらを踏まえて、モデル規程を紹介しました。
　規程の運用には、採用計画書、採用経費報告書、採用通知書、入社承諾書など、各種の様式（フォーマット）が必要です。このため、様式も多数掲載しています。
　採用業務の目的は、「能力と意欲に優れた人材を」「必要な時期に」「必要人員だけ」「できる限り少ない経費で」確保することです。しかし、この目的を達成することは容易ではありません。
　本書が採用業務の現場において役に立つことを願っています。

なお、筆者は、先に経営書院から『失敗しない！新卒採用実務マニュアル』を出版しています。本書が、それと併せてご利用いただけると、幸いです。
　最後に、本書の出版に当たっては、経営書院の皆さんに大変お世話になりました。ここに記して、厚く御礼申し上げる次第です。

2013年

荻原　勝

新卒・中途採用規程とつくり方
目次

第1章　新卒者の採用 …………………………………………… 1
　第1節　新卒者採用規程 ……………………………………… 3
　第2節　採用広報規程 ………………………………………… 19
　第3節　採用選考規程 ………………………………………… 23
　第4節　採用面接規程 ………………………………………… 29
　第5節　採用経費規程 ………………………………………… 36
　第6節　内定者管理規程 ……………………………………… 42
　第7節　応募者個人情報取扱規程 …………………………… 46
　第8節　身元保証規程 ………………………………………… 50

第2章　新卒者採用形態の多様化 ……………………………… 53
　第1節　コース別採用規程 …………………………………… 55
　第2節　職種限定採用規程 …………………………………… 70
　第3節　第二新卒者採用規程 ………………………………… 75
　第4節　通年採用規程 ………………………………………… 80
　第5節　グループ合同採用規程 ……………………………… 89
　第6節　海外留学生採用規程 ………………………………… 99
　第7節　外国人留学生採用規程 ……………………………… 105
　第8節　紹介予定派遣社員採用規程 ………………………… 111

第3章　新卒者採用の強化策 …………………………………… 117
　第1節　採用ホームページ規程 ……………………………… 119
　第2節　会社説明会規程 ……………………………………… 123
　第3節　リクルーター規程 …………………………………… 128
　第4節　インターンシップ規程 ……………………………… 132

第4章　新卒者の定着促進 ……………………………………… 141
第1節　新卒社員定着支援規程 ………………………………… 143
第2節　メンター規程 …………………………………………… 148
第3節　OJT規程 ………………………………………………… 152

第5章　中途採用者の採用 ………………………………………… 157
第1節　中途採用規程 …………………………………………… 159
第2節　中途採用選考規程 ……………………………………… 169
第3節　中途採用面接規程 ……………………………………… 174
第4節　中途採用経費規程 ……………………………………… 180

第6章　主要職種の中途採用 ……………………………………… 185
第1節　営業職中途採用規程 …………………………………… 187
第2節　エンジニア中途採用規程 ……………………………… 193
第3節　グローバル人材中途採用規程 ………………………… 198
第4節　紹介予定派遣社員採用規程 …………………………… 204

第7章　非正社員の採用 …………………………………………… 211
第1節　パートタイマー採用規程 ……………………………… 213
第2節　契約社員採用規程 ……………………………………… 218
第3節　業務委託社員採用規程 ………………………………… 223

第1章
新卒者の採用

第1節 新卒者採用規程

1 規程の趣旨

　会社が中期的・長期的に成長発展していくためには、大学等の新卒者を定期的・継続的に採用する必要がある。

　新卒者採用の大きな特徴は、学生への採用情報の提供から始まり、採用選考、内定出しおよび内定者管理を経て、4月1日の採用日（入社日）に至るまでの期間がきわめて長いということである。

　長期に及ぶ新卒者の採用を確実かつ効率的に行い、能力と意欲に優れた学生を必要人員だけ採用するためには、合理的・現実的な採用マニュアル（新卒者採用規程）が作成されていなければならない。

2 規程の内容

(1) 採用の基本的な進め方

　新卒者の採用は、他社との激しい競争の中で行われる。また、採用の対象者が学生であるため、大学等の学事日程を尊重して行われることが必要である。

　このため、人事部長に対して「他社の動向や学事日程を考慮して新卒者の採用を進めること」を求める。

(2) 採用計画の作成

　新卒者の採用業務は、長期に及ぶ。このため、計画的・組織的に取り組むことが必要である。そうでないと、「経費が必要以上に増大する」「内定者が予定人員に達しない」「内定辞退者が続出する」などの問題が生じる。

　このため、人事部長に対して、合理的・現実的な採用計画を作成し、社長の承認を得ることを求める。

(3) 採用対象者

　採用の対象者は、採用年次に大学等を卒業する見込みの学生とし、大学、学部および性別は問わないものとする。

(4) 採用職種

　採用職種は、事務職、営業職、販売職、技術職および研究職のいずれか1

つまたは2つ以上とし、毎年度、取締役会において決定する。
（5）採用予定人員
　新卒者の場合、採用したからといって即戦力となるわけではない。したがって、何人採用するかは、きわめて難しい問題である。一般的には、次の事項を総合的に勘案して採用予定人員を決定するのが適切であろう。
　① 中期経営計画
　② 退職者の実績と見込み
　③ 新卒者の採用実績
　④ 新卒者採用市場の動向
　⑤ 業績
　⑥ その他
（6）募集方法
　募集は、就職サイト、採用ホームページ、会社説明会および大学等への求人票の送付などによって行う。
（7）採用情報の提供
　募集を円滑に行うため、就職予定の学生に対して次の情報を提供する。
　① 会社の概要（所在地、業種、主要商品、規模、その他）
　② 採用情報（採用職種、採用予定人員、応募書類、選考方法、その他）
　③ 待遇・労働条件（初任給、勤務時間、休日・休暇、その他）
（8）応募書類
　応募者に対し、履歴書およびエントリーシートを求める。履歴書については、その様式を問わないものとし、エントリーシートについては、様式を指定する。
　なお、応募書類は、返却しないものとする。
（9）選考方法
　採用選考は、書類選考（履歴書・エントリーシート）、筆記試験、適性検査、面接および健康診断によって行う。
（10）採用基準
　会社の成長発展に必要な人材を採用するという観点から、経営理念・経営方針、社風などを踏まえ、「採用すべき人物像」（採用基準）を定める。採用基準の決定は、きわめて重要である。
　採用基準は、例えば、次のとおりとする。
　① 一般常識・教養を備えていること
　② コミュニケーション能力（表現力・理解力）に優れていること
　③ 行動および考え方に主体性のあること

④ チャレンジ精神に富んでいること
⑤ 誠実さのあること
⑥ 協調性に富んでいること
⑦ 職業意識のあること。働く目的が明確であること
⑧ 心身ともに健康であること

採用基準とともに、「採用しない人物の条件」を定めることも、重要である。例えば、次のいずれかに該当する者は、採用しないものとする。
① 基本的な礼儀、マナーを心得ていない者
② 若さ、ヤル気が感じられない者
③ 人の話をよく聞こうとしない者
④ 口は達者だが、行動を伴わない者
⑤ 話や文章の内容に一貫性がない者
⑥ 自分の発言や行動に対する責任意識に欠ける者
⑦ 将来への不安感がきわめて強い者

(11) 選考結果の通知と入社承諾書

採用選考の結果、採用すること、または採用しないことを決定したときは、書面で通知する。

採用内定者に対して、入社承諾書の提出を求める。内定通知送付後10日以内に入社承諾書の提出がないときは、内定を取り消すものとする。

(12) 内定者管理

新卒者の場合、採用内定日から採用日までの期間がきわめて長い。この間、何の対策も講じないと、内定者が他社に流れる可能性が高い。

採用内定者を確実に入社に導くため、入社日までの期間、内定者管理を行うこととし、その方法を定める。

(13) 内定の取消し

採用内定者が次のいずれかに該当したときは、事実関係を確認したうえで内定を取り消すものとする。
① 違法行為により、逮捕・起訴されたとき
② 必要な単位を修得できないために卒業できないとき
③ 健康を著しく害し、勤務に耐えられないと診断されたとき
④ 重大な経歴詐称のあったとき

3 モデル規程

新卒者採用規程

第1章　総則

（目的）
第1条　この規程は、大学院、大学、短期大学、高等専門学校および専門学校（以下、「大学等」という）の新卒者の採用について定める。

（採用の基本的進め方）
第2条　人事部長は、法令を遵守し、かつ、次の事項に十分配慮して新卒者の採用を進めなければならない。
　（1）他社の動向
　（2）大学等の学事日程

（採用計画）
第3条　人事部長は、採用年度ごとに合理的・現実的な採用計画を作成し、社長の承認を得なければならない。

（実績の報告）
第4条　人事部長は、採用年度が終了したときは、速やかにその実績を社長に報告しなければならない。

第2章　募集・採用の対象者と方法

（採用対象者）
第5条　採用の対象者は、採用年次に大学等を卒業する見込みの学生とする。
2　大学等、学部および性別は問わないものとする。

（採用日）
第6条　採用日は、毎年4月1日とする。

（採用職種）
第7条　採用職種は、次のいずれか1つまたは2つ以上とし、毎年度、取締役会において決定する。
　（1）事務職
　（2）営業職
　（3）販売職
　（4）技術職
　（5）研究職

(採用予定人員)
第8条　採用予定人員は、次の事項を総合的に勘案し、毎年度、取締役会において決定する。
　（1）中期経営計画
　（2）退職者の実績と見込み
　（3）新卒者の採用実績
　（4）新卒者採用市場の動向
　（5）業績
　（6）その他
(募集方法)
第9条　募集は、次の方法による。
　（1）就職サイト
　（2）採用ホームページ
　（3）会社説明会
　（4）大学等への求人票の送付
　（5）その他
(採用情報の提供)
第10条　募集を円滑に行うため、就職予定の学生に対して次の情報を提供する。
　（1）会社の概要（所在地、業種、主要商品、規模、その他）
　（2）採用情報（採用職種、採用予定人員、応募書類、選考方法、その他）
　（3）待遇・労働条件（初任給、勤務時間、休日・休暇、その他）
２　採用情報の提供においては、次の事項に十分留意しなければならない。
　（1）正確さ
　（2）具体性
　（3）分かりやすさ
(応募書類)
第11条　応募者に対し、次の書類の提出を求める。
　（1）履歴書（様式は問わないものとする）
　（2）エントリーシート（様式は別紙のとおりとする）
２　応募書類は、返却しないものとする。
(選考方法)
第12条　採用選考は、次の方法による。
　（1）書類選考（履歴書・エントリーシート）
　（2）筆記試験

（3）適性検査
　（4）面接（一次面接、二次面接、役員面接）
　（5）健康診断
（採用基準）
第13条　採用基準は、次のとおりとする。
　（1）一般常識・教養を備えていること
　（2）コミュニケーション能力（表現力・理解力）に優れていること
　（3）行動および考え方に主体性のあること
　（4）チャレンジ精神に富んでいること
　（5）誠実さのあること
　（6）協調性に富んでいること
　（7）職業意識のあること。働く目的が明確であること
　（8）心身ともに健康であること
2　次のいずれかに該当する者は、採用しない。
　（1）基本的な礼儀、マナーを心得ていない者
　（2）若さ、ヤル気が感じられない者
　（3）人の話をよく聞こうとしない者
　（4）口は達者だが、行動を伴わない者
　（5）話や文章の内容に一貫性がない者
　（6）自分の発言や行動に対する責任意識に欠ける者
　（7）将来への不安感がきわめて強い者
2　人事部長は、採用業務に携わる者に対して採用基準をよく理解させなければならない。
3　採用業務に携わる者は、採用基準をよく理解して採用業務を行わなければならない。
（選考結果の通知）
第14条　採用選考の結果、採用すること、または採用しないことを決定したときは、書面で通知する。
（入社承諾書の提出）
第15条　採用内定者に対して、入社承諾書の提出を求める。
2　内定通知送付後10日以内に提出がないときは、内定を取り消すものとする。

第3章　内定者管理

（内定者管理）
第16条　採用内定者を確実に入社に導くため、入社日までの期間、すべての内定者について内定者管理を行う。
2　内定者管理は、次の方法により行う。
　（1）内定式の開催
　（2）電話・メール等による定期連絡
　（3）内定者懇親会の開催
　（4）入社前研修
　（5）その他

（内定の取消し）
第17条　採用内定者が次のいずれかに該当したときは、事実関係を確認したうえで内定を取り消すものとする。
　（1）違法行為により、逮捕・起訴されたとき
　（2）必要な単位を修得できないために卒業できないとき
　（3）健康を著しく害し、勤務に耐えられないと診断されたとき
　（4）重大な経歴詐称のあったとき
2　採用内定の取消しは、書面で行う。

第4章　雑則

（採用者数が予定人員に達しなかったとき）
第18条　採用者数が予定人員に達しなかった場合、追加募集は行わない。

（応募者の個人情報の取り扱い）
第19条　応募者から取得した個人情報は、採用業務および採用後の人事管理に限って使用し、それ以外の目的では使用しない。
2　応募者の個人情報は、社外に漏洩または流出しないよう、厳重に管理する。
3　採用業務に当たる者以外の者は、応募者の個人情報が記載または記録されているものを閲覧してはならない。

（付則）
　この規程は、　　年　月　日から施行する。

(様式1) 新卒者採用計画の承認願

○○年○月○日

取締役社長殿

人事部長

○○年度新卒者の採用について(伺い)

		内　容	備　考
1	採用対象者	○○年3月に専門学校、高等専門学校、短大、大学または大学院を卒業予定の者	
2	採用予定人員	文系○名、理系○名、合計○名	(前年度実績) 文系○名、理系○名、合計○名
3	募集対象大学・学部	国内すべての大学・学部	
4	採用職種	① 事務職 ② 営業職 ③ 販売職 ④ 技術職 ⑤ 研究職	
5	募集方法	① 就職サイト ② ホームページ ③ 会社説明会 ④ 大学への求人票	
6	選考方法	① 書類審査 ② 適性検査 ③ 筆記試験 ④ 面接(一次・二次・役員) ⑤ 健康診断	
7	入社承諾書	① 採用内定者に対して、入社承諾書の提出を求める。 ② 内定通知送付後10日以内に提出がないときは、内定を取り消すものとする。	

8	内定者管理方法	① 内定式 ② 電話・メール等による定期連絡 ③ 内定者懇親会の開催 ④ 入社前研修 ⑤ その他	
9	採用スケジュール	① 採用情報の公開 　○○年○月○日～ ② 応募受付 　○○年○月○日～ ③ 選考開始 　○○年○月○日～ ④ 内定出し 　○○年○月○日～ ⑤ 内定式 　○○年○月○日 ⑥ 採用日 　○○年4月1日	日本経団連の「採用選考に関する企業の倫理憲章」を遵守する。
10	採用経費	① 就職サイト　　○○万円 ② ホームページ　○○万円 ③ 会社説明会　　○○万円 ④ 会社案内　　　○○万円 ⑤ 内定者管理　　○○万円 ⑥ 諸雑費　　　　○○万円 　　　　合計　　○○万円	(前年度実績) ① 就職サイト　　○○万円 ② ホームページ　○○万円 ③ 会社説明会　　○○万円 ④ 会社案内　　　○○万円 ⑤ 内定者管理　　○○万円 ⑥ 諸雑費　　　　○○万円 　　　　合計　　○○万円
11	その他	採用予定人員を採用できなかった場合、追加募集は行わない。	

以上

（様式２）　エントリーシート

エントリーシート

氏名	
大学名	大学　　　学部　　　学科
生年月日・性別	年　月　日　　□男　□女
住所	
電話番号	

あなたを自由にPRしてください。

あなたにとって仕事とは何ですか。就職する理由を書いてください。

当社を志望する理由を書いてください。

大学生活で一番打ち込んだことは何ですか。

以上

（様式３）応募書類受理通知書

〇〇年〇月〇日
〇〇〇〇様
〇〇株式会社
人事部長〇〇〇〇印
応募書類受理のお知らせ
謹啓　充実した学生生活を送っていることと思います。
　このたびは、当社の新卒者募集にご応募いただき、まことにありがとうございます。応募書類は、確かに受理いたしました。
　書類選考の結果につきましては、あらためてご連絡申し上げます。
敬具

（様式４）筆記試験通知書

〇〇年〇月〇日
〇〇〇〇様
〇〇株式会社
人事部長〇〇〇〇印
筆記試験のお知らせ
謹啓　充実した学生生活を送っていると思います。
　このたびご提出いただいた書類を拝見した結果、下記のとおり、筆記試験を行わせていただくこととしました。よろしくお願い申し上げます。
記
1　日時：〇月〇日（〇曜日）午後〇時～〇時
2　場所：当社会議室
3　ご都合が悪い場合は、下記にご連絡下さい。
　　（電話）〇〇-〇〇〇〇-〇〇〇〇（人事部　〇〇）
以上

(様式5）一次面接通知書

〇〇年〇月〇日

〇〇〇〇様

〇〇株式会社
人事部長〇〇〇〇印

面接のお知らせ

謹啓　時下ますますご健勝のこととお慶び申し上げます。
　このたびは、筆記試験を受けていただき、まことにありがとうございます。筆記試験の結果、下記のとおり、面接を行わせていただくこととしました。よろしくお願い申し上げます。

記

1　日時：〇月〇日（〇曜日）午後〇時
2　場所：当社応接室
3　ご都合が悪い場合は、下記にご連絡下さい。
　（電話）〇〇-〇〇〇〇-〇〇〇〇（人事部　〇〇）

以上

(様式6）二次面接通知書

〇〇年〇月〇日

〇〇〇〇様

〇〇株式会社
人事部長〇〇〇〇印

二次面接のお知らせ

謹啓　時下ますますご健勝のこととお慶び申し上げます。
　このたびは、採用担当者による一次面接を受けていただき、まことにありがとうございます。一次面接の結果、さらに下記のとおり、役職者による二次面接を行わせていただくこととしました。よろしくお願い申し上げます。

記

1　日時：〇月〇日（〇曜日）午後〇時
2　場所：当社応接室
3　ご都合が悪い場合は、下記にご連絡下さい。

```
　　　（電話）○○-○○○○-○○○○（人事部　○○）
　　　　　　　　　　　　　　　　　　　　　　　　　　　以上
```

（様式7）　内定通知書

```
　　　　　　　　　　　　　　　　　　　　　　　　○○年○月○日
○○○○様
　　　　　　　　　　　　　　　　　　　　　　　○○株式会社
　　　　　　　　　　　　　　　　　　　　　取締役社長○○○○印
　　　　　　　　　採用内定のお知らせ
謹啓　時下ますますご健勝のこととお慶び申し上げます。
　このたびは、当社の入社試験にご応募いただき、まことにありがとう
ございます。慎重に選考した結果、あなたを採用することといたしまし
たので、お知らせします。
　　　　　　　　　　　　　　　　　　　　　　　　　　　敬具
　　　　　　　　　　　　　　記
1　入社日は、○○年4月1日とします。
2　同封の入社承諾書にご記名・ご捺印のうえ、○月○日までにご返送
　下さい。提出のないときは、入社する意思がないものと認め、内定
　を取り消します。
　　　　　　　　　　　　　　　　　　　　　　　　　　　以上
```

（様式8）　入社承諾書

```
　　　　　　　　　　　　　　　　　　　　　　　　○○年○月○日
○○株式会社
取締役社長○○○○殿
　　　　　　　　　　　　　　　　　　　　　　　　　○○○○印
　　　　　　　　　　　入社承諾書
　下記により貴社に入社することを承諾します。
　　　　　　　　　　　　　　記
1　○○年4月1日に入社すること。
2　次の場合には、採用内定を取り消されても異存のないこと。
```

第1章　新卒者の採用

新卒・中途採用規程とつくり方　15

（1）違法行為により、逮捕・起訴されたとき
（2）必要な単位を習得できないために卒業できないとき
（3）健康を著しく害し、勤務に耐えられないと診断されたとき

以上

（注）入社承諾書を提出することにより雇用契約が成立しますので、真剣に考えて提出して下さい。

（様式9）　不採用通知書

○○年○月○日

○○○○様

○○株式会社
取締役社長○○○○印

選考結果のお知らせ

謹啓　時下ますますご健勝のこととお慶び申し上げます。
　このたびは、当社の入社試験にご応募いただき、まことにありがとうございます。慎重に選考した結果、今回はあなたのご希望にこたえられないこととなりましたのでお知らせします。これは、あなたの成績が悪かったわけではなく、当社の職務遂行に必要な適性の観点から判定した結果によるものです。この点、なにとぞご了承のほど、お願い申し上げます。
　今後のご健康とご活躍をお祈り申し上げます。

敬具

（様式10）　内定通知書・入社承諾書管理シート

人事部

内定通知書・入社承諾書管理シート

氏　名	大学・学部	内定通知書発送日	入社承諾書受理日	備　考
1				
2				
3				

4				
5				
6				
7				
8				
9				
10				

以上

(様式11) 新卒者採用報告

〇〇年〇月〇日

取締役社長殿

人事部長

〇〇年度新卒者の採用について（報告）

1　採用人員

採用人員	当初予定	備　考
文系　〇名 理系　〇名 合計　〇名	文系　〇名 理系　〇名 合計　〇名	

2　採用に至る経緯

	人　数	備　考
1　応募者総数	〇名	
2　書類選考合格者数	〇名	
3　一次面接合格者数	〇名	
4　二次面接合格者数	〇名	
5　内定者数	〇名	
6　内定辞退者数	〇名	
7　採用者数	〇名	

新卒・中途採用規程とつくり方　17

3　採用経費

実　　績	当初予定	備　　考
①　就職サイト　　〇〇万円	①　就職サイト　　〇〇万円	
②　ホームページ　〇〇万円	②　ホームページ　〇〇万円	
③　会社説明会　　〇〇万円	③　会社説明会　　〇〇万円	
④　会社案内　　　〇〇万円	④　会社案内　　　〇〇万円	
⑤　内定者管理　　〇〇万円	⑤　内定者管理　　〇〇万円	
⑥　諸雑費　　　　〇〇万円	⑥　諸雑費　　　　〇〇万円	
合計　　　〇〇万円	合計　　　〇〇万円	

以上

第2節

採用広報規程

1 規程の趣旨

　新卒者採用の目的は、会社の今後の成長発展をリードする、優れた若い人材を採用することである。
　このような目的を確実に達成するためには、会社の採用情報を幅広く公開し、応募を働きかけることが必要である。採用広報の充実は、採用活動を成功させるための重要なステップといえる。

2 規程の内容

（1）採用広報の内容
　採用広報の内容は、次のとおりとする。
　① 会社に関する情報（所在地、業種、主要商品、規模、その他）
　② 採用に関する情報（採用職種、採用予定人員、応募書類、選考方法、その他）
　③ 待遇・労働条件に関する情報（初任給、勤務時間、休日・休暇、その他）

（2）広報上の留意点
　なお、採用広報の内容については、正確さ、分かりやすさおよび具体性に十分留意するものとする。

（3）広報の方法
　採用広報は、就職サイト、採用ホームページ、会社説明会および大学への求人票の送付などで行う。

（4）広報の時期
　採用広報は、タイミングよく行うことが重要である。あまり早くてもよくないし、遅すぎてもよくない。
　広報の時期（開始時期・終了時期）は、毎年度、次の事項を総合的に踏まえて決定する。
　① 他社の動向
　② 新卒者採用市場の動向

③　前年の広報時期
④　その他

（5）効果の検証
　人事部は、採用広報が効果を上げているかを随時検証するものとする。効果の検証は、次の1つまたは2つ以上の方法で行う。
①　応募者数の分析
②　採用ホームページのアクセス数の分析
③　会社説明会の参加者へのアンケート
④　その他
　効果の検証を踏まえて、広報の内容、広報の方法または広報の時期の見直しを行うことが望ましい。

3　モデル規程

採用広報規程

（総則）
第1条　この規程は、大学等新卒者の採用広報について定める。
（採用広報の内容）
第2条　採用広報の内容は、別表のとおりとする。
（広報上の留意点）
第3条　人事部は、採用広報の内容について、次の事項に十分留意しなければならない。
　（1）正確さ
　（2）分かりやすさ
　（3）具体性
（広報の方法）
第4条　採用広報は、次の1つまたは2つ以上で行う。
　（1）就職サイト
　（2）採用ホームページ
　（3）会社説明会
　（4）大学への求人票の送付
　（5）その他

（採用広報の経費）
第5条　採用広報は、定められた予算を超えない範囲で行わなければならない。
（広報の時期）
第6条　広報の時期（開始時期・終了時期）は、毎年度、次の事項を総合的に踏まえて決定する。
　（1）他社の動向
　（2）新卒者採用市場の動向
　（3）前年の広報時期
　（4）その他
（効果の検証）
第7条　人事部は、採用広報が効果を上げているかを随時検証しなければならない。
2　効果の検証は、次の1つまたは2つ以上の方法で行う。
　（1）応募者数の分析
　（2）採用ホームページのアクセス数の分析
　（3）会社説明会の参加者へのアンケート
　（4）その他
3　効果の検証を踏まえて、必要に応じ次の事項について改善措置を講じなければならない。
　（1）広報の内容
　（2）広報の方法
　（3）広報の時期
　（4）その他
（付則）
　この規程は、　年　月　日から施行する。

（別表）採用広報の内容

1　会社に関すること	①　会社名、所在地、電話番号 ②　資本金、売上高、従業員数 ③　事業内容 ④　主要取扱商品 ⑤　その他

2　採用に関すること	①　募集職種、採用予定人員 ②　採用対象大学、学部、学科 ③　求める人物像 ④　選考方法 ⑤　応募書類の種類、提出先、提出時期等 ⑥　その他	
3　処遇・労働条件に関すること	①　給与（初任給）、賞与 ②　勤務時間 ③　休日、休暇 ④　福利厚生 ⑤　勤務地 ⑥　その他	

第3節 採用選考規程

1 規程の趣旨

　新卒採用の目的は、会社の今後の成長発展をリードする優れた人材を採用することである。この目的を達成するためには、「どのような人物が望ましいか」「どのような若者を採用すべきか」を明確にしたうえで、公正に採用選考を行うことが必要となる。

　選考の方法には、書類審査、筆記試験、適性検査、面接などがある。選考の方法ごとに、選考の基準を定めておく。そして、その基準をもとに、情実や思い込みや固定観念を排して、公正に選考を進める。

2 規程の内容

（1）書類選考の選考基準

　書類選考の選考基準を定める。例えば、次のとおりとする。
① これまでの履歴に問題はないか
② 文章はしっかり書かれているか
③ 誤字、脱字は多くないか
④ 文章は丁寧に書かれているか
⑤ 働く目的や職業意識・就労意識は明確になっているか
⑥ 会社の志望理由ははっきりしているか
⑦ 考え方や行動に主体性が見られるか
⑧ 文章に説得力があるか

（2）筆記試験の選考基準

　筆記試験の選考基準を定める。例えば、次のとおりとする。
① 文章力があるか。文章を正しく書けるか
② 自分のいいたいことを要領よく文章にできるか
③ 問題意識を正しく持っているか
④ 分析力に優れているか
⑤ 思考力、発想力があるか
⑥ 誤字、脱字は多くないか

（3）適性検査の選考基準
適性検査の選考基準を定める。例えば、次のとおりとする。
① 論理的思考力があるか
② 業務遂行に必要な性格を有しているか
③ 組織と職場への適応に問題はないか
（4）面接の評価基準
採用選考において、面接の果たす役割はきわめて大きい。
面接の評価基準を定める。例えば、次のとおりとする。
① 落ち着きがあるか。礼儀正しいか
② まじめさ、誠実さがあるか
③ 働くことへの熱意・意欲があるか
④ コミュニケーション能力（表現力・理解力）が優れているか
⑤ 行動や考え方に主体性・積極性があるか
⑥ 協調性があるか
⑦ 働く目的や就労意識が明確であるか
⑧ 会社の志望理由は明確か
（5）採用担当者の責務
　優れた若い人材を採用できるかどうかは、採用担当者の採用姿勢によるところが大きい。採用選考に携わる者に対して、
　① 採用基準を正しく理解し、公正に選考を行うこと
　② 応募者の学校、性別および容姿によって左右されないようにすること
を求める。

3 モデル規程

採用選考規程

（総則）
第1条　この規程は、大学等新卒者の採用選考について定める。
（採用選考の方法）
第2条　新卒者の採用選考は、次の方法で行う。
　（1）書類選考
　（2）筆記試験
　（3）適性検査

（4）面接
　（5）健康診断
（書類選考）
第3条　書類選考は、応募者から提出された履歴書およびエントリーシートによって行う。
2　選考の視点は、次のとおりとする。
　（1）これまでの履歴に問題はないか
　（2）文章はしっかり書かれているか
　（3）誤字、脱字は多くないか
　（4）文章は丁寧に書かれているか
　（5）働く目的や職業意識・就労意識は明確になっているか
　（6）会社の志望理由ははっきりしているか
　（7）考え方や行動に主体性が見られるか
　（8）文章に説得力があるか
　（9）その他
（筆記試験）
第4条　筆記試験は、小論文または作文によって行う。
2　筆記試験の選考基準は、次のとおりとする。
　（1）文章力があるか。文章を正しく書けるか
　（2）自分のいいたいことを要領よく文章にできるか
　（3）問題意識を正しく持っているか
　（4）分析力に優れているか
　（5）思考力、発想力があるか
　（6）誤字、脱字は多くないか
　（7）その他
（適性検査）
第5条　適性検査の選考基準は、次のとおりとする。
　（1）論理的思考力があるか
　（2）業務遂行に必要な性格を有しているか
　（3）組織と職場への適応に問題はないか
　（4）その他
（面接）
第6条　面接は、次の順序で行う。
　（1）採用担当者による一次面接
　（2）人事部の役職者による二次面接

（3）役員による最終面接
2　面接の評価基準は、次のとおりとする。
　　（1）落ち着きがあるか。礼儀正しいか
　　（2）まじめさ、誠実さがあるか
　　（3）働くことへの熱意・意欲があるか
　　（4）コミュニケーション能力（表現力・理解力）が優れているか
　　（5）行動や考え方に主体性・積極性があるか
　　（6）協調性があるか
　　（7）働く目的や職業意識・就労意識が明確になっているか
　　（8）会社の志望理由ははっきりしているか
　　（9）その他
（健康診断）
第7条　応募者に対して、健康診断書の提出を求める。
2　健康診断の判定基準は、次のとおりとする。
　　（1）身体的に健康か
　　（2）身体的に業務に耐えることができるか
（採用担当者の責務）
第8条　採用選考に携わる者は、採用基準を正しく理解し、公正に選考を行わなければならない。
2　応募者の学校、性別および容姿によって左右されることのないようにしなければならない。
（学事日程への配慮）
第9条　採用選考においては、応募者の学事日程に十分配慮する。
2　応募者が希望するときは、筆記試験、適性検査および面接を夕方以降または休日に行う。
（選考管理シート）
第10条　選考を正確に行うため、応募者一人ひとりについて選考管理シートを作成するものとする。
（個人情報の取り扱い）
第11条　選考業務を通じて取得した個人情報は、選考および採用後の人事管理にのみ利用し、それ以外の目的では利用しないものとする。
（採用担当者への働きかけの禁止）
第12条　社員は、採用業務に携わる者に対して、特定の応募者を有利あるいは不利に取り扱うように働きかけてはならない。

（付則）

　この規程は、　　年　月　日から施行する。

（様式）　選考管理シート

選考管理シート			
氏名				
大学名	大学　　学部　　学科		
生年月日・性別	年　月　日　　□男　□女		
住所				
電話番号				
	実施日等		備考
1　書類選考			
1-1　履歴書・エントリーシートの受理	月　　日		
1-2　応募書類の審査	月　　日		
1-3　合否の判定	□合格□不合格		
1-4　判定結果の通知	月　　日		
2　筆記試験・適性検査			
2-1　筆記試験・適性検査の通知	月　　日		
2-2　筆記試験・適性検査の実施	月　　日		
2-3　合否の判定	□合格□不合格		
2-4　判定結果の通知	月　　日		
3　一次面接			
3-1　一次面接の通知	月　　日		
3-2　一次面接の実施	月　　日		
3-3　合否の判定	□合格□不合格		
3-4　判定結果の通知	月　　日		

4　二次面接		
4-1　二次面接の通知	月　日	
4-2　二次面接の実施	月　日	
4-3　合否の判定	□合格□不合格	
4-4　判定結果の通知	月　日	
5　最終面接（役員面接）		
5-1　最終面接の通知	月　日	
5-2　最終面接の実施	月　日	
5-3　合否の判定	□合格□不合格	
5-4　判定結果の通知	月　日	
6　健康診断		
6-1　健康診断書提出の通知	月　日	
6-2　健康診断書の受理	月　日	
6-3　合否の判定	□合格□不合格	
6-4　判定結果の通知	月　日	

以上

第4節 採用面接規程

1 規程の趣旨

　採用選考において、面接はきわめて重要である。どの会社も、面接を最も重視している。採用の可否を実質的に面接で決めている会社が多い。

　面接は、公正かつ適正に実施されなければならない。どのようなことを質問するかは、基本的に会社の自由であるが、応募者の感情を傷つけたり、人権を侵害したりする事項は、質問すべきではない。

　面接について、評価項目、質問項目、質問すべきでない事項、面接者の心得および標準面接時間などを「面接マニュアル」（面接規程）として取りまとめ、面接担当者に周知徹底することが望ましい。

2 規程の内容

（1）面接の評価項目

　面接の評価項目を定める。例えば、態度、礼儀、誠実さ、コミュニケーション能力、主体性、チャレンジ精神、責任感および職業意識などとする。

（2）質問事項

　応募者に対する質問事項は、
・日常生活に関する事項
・大学・学生生活に関する事項
・会社・仕事に関する事項
とするのが適切である。

（3）質問禁止事項

　本籍・出生地、家族に関すること（職業、続柄、健康、地位、学歴、収入、資産など）、住宅状況（間取り、部屋数、住宅の種類、近郊の施設など）、生活環境・家庭環境、宗教、支持政党、人生観・生活信条、尊敬する人物、思想・社会運動に関すること、および購読新聞・雑誌・愛読書に関することは、差別につながる恐れがあるため、質問すべきではない。

（4）面接時の留意事項

　面接担当者は、次の事項に努めるものとする。

① 相手の顔を見て、明るくはっきりした声で話をすること
② 適当にうなずいたり、相づちを打ったりすること
③ 自分が話しすぎないようにすること
④ 自分の個人的意見や価値観は述べないようにすること

（5）面接の所要時間

面接の時間が長いと、応募者に負担を与える。また、時間を長くすればするほど、応募者を正しく評価できるというほど、単純なものではない。逆に、あまりにも短いと、応募者に「こんなに短い時間で採否の評価が行われるのだろうか」という不信を与える。

所要時間は、被面接者一人につきおよそ20～30分とするのが適切であろう。

（6）評価・報告

面接担当者は、面接を終えたときは、直ちに応募者の採否評価を行い、その結果を人事部長に報告するものとする。

3　モデル規程

採用面接規程

（総則）
第1条　この規程は、大学等新卒者の採用面接について定める。
（遵守義務）
第2条　採用面接に当たる者（以下、「面接者」という）は、この規程を遵守して面接を行わなければならない。
（面接の評価項目）
第3条　面接の評価項目は、別表1のとおりとする。
（質問事項）
第4条　応募者に対する質問事項は、別表2のとおりとする。
（質問禁止事項）
第5条　面接者は、次に掲げることは差別につながるおそれがあるため、質問してはならない。
（1）本籍・出生地
（2）家族に関すること（職業、続柄、健康、地位、学歴、収入、資産など）
（3）住宅状況（間取り、部屋数、住宅の種類、近郊の施設など）
（4）生活環境・家庭環境

（5）宗教に関すること
　（6）支持政党
　（7）人生観、生活信条
　（8）尊敬する人物
　（9）思想に関すること
　（10）労働組合・学生運動など社会運動に関すること
　（11）購読新聞・雑誌・愛読書に関すること
（面接者の心得）
第6条　面接者は、次の事項に努めるものとする。
　（1）相手の顔を見て、明るくはっきりした声で話をすること
　（2）適当にうなずいたり、相づちを打つこと
　（3）自分が話しすぎないようにすること
　（4）自分の個人的意見や価値観は述べないようにすること
　（5）応募者の大学名・性別および容姿にとらわれず、公正に評価をすること
　（6）「応募者に会社を評価されている」という意識を持って、誠実に面接をすること
　（7）あらかじめエントリーシート・履歴書に眼を通しておくこと
（面接時の禁止事項）
第7条　面接者は、面接時に次のことをしてはならない。
　（1）携帯電話を掛けたり、中座したりすること
　（2）応募者に乱暴な口を利いたり、横柄な態度を取ること
（面接の場所）
第8条　面接は、会議室で行う。
（面接の所要時間）
第9条　所要時間は、被面接者一人につきおよそ20～30分とする。
（面接対象者・日時）
第10条　面接の対象者（応募者）および面接の日時は、人事部長が指示する。
（評価・報告）
第11条　面接者は、面接を終えたときは、直ちに応募者の採否評価を行い、その結果を人事部長に報告しなければならない。
2　採否評価は、次の2区分で行う。
　（1）採用すべきである・採用したほうがよい
　（2）採用しないほうがよい・採用すべきでない
（付則）
　この規程は、　年　月　日から施行する。

(別表1) 面接の評価項目

		着 眼 点
1	態度	・落ち着きがあるか
2	礼儀	・挨拶がきちんとできるか ・礼儀正しいか
3	誠実さ	・人間的な誠実さが感じられるか ・人柄が信頼できるか ・態度や発言に真面目さ、素直さがあるか
4	コミュニケーション能力	・自分の考えや意見を簡潔に分かりやすく話せるか ・話の内容に説得力があるか ・質問の内容を正しく理解できるか
5	主体性	・自分の意思に基づいて自主的に行動できるか ・自分の意思や意見をはっきりと主張できるか ・積極的に物事に取り組んでいるか ・他人の意見や行動に大きく影響されることはないか
6	チャレンジ精神	・新しいことに前向きに取り組む姿勢や意欲があるか ・現状に満足することなく、改善・変革しようとする意思があるか ・失敗を恐れない姿勢があるか
7	協調性	・他人と仲良くやっていけそうか ・他人の意見を尊重する姿勢があるか ・自分の意見に必要以上に強くこだわることはないか ・マイペースなところはないか
8	職業意識	・就職する目的がはっきりしているか ・会社の志望理由が明確になっているか。志望理由をはっきりと説明できるか ・希望する仕事が明確になっているか ・会社という組織で働くことへの自覚があるか
9	健康	・健康か ・健康に自信があるか ・ストレス耐性があるか

（別表2）標準質問項目

1	日常生活に関すること	①	長所、短所
		②	趣味、スポーツ
		③	よく見るテレビ番組、よく読む新聞の欄
		④	休日の過ごし方
		⑤	アルバイト経験の有無、その内容、目的
		⑥	海外旅行の経験の有無、その内容、印象
		⑦	健康の自信、健康法
		⑧	資格・免許の有無、その内容
		⑨	気分転換の方法
		⑩	その他
2	大学・学生生活に関すること	①	現在の大学を選んだ理由
		②	現在の学部・学科を選んだ理由
		③	ゼミ所属の有無、そのゼミを選んだ理由
		④	外国語の内容、その自信の程度
		⑤	クラブ・サークル活動の内容
		⑥	学生生活で打ち込んだこと
		⑦	学生生活で得たこと
		⑧	その他
3	会社・仕事に関すること	①	就職する理由、働く目的
		②	会社を志望する理由
		③	希望する仕事の内容とその理由
		④	会社という組織で働くうえでの心構え
		⑤	人といっしょに働くことの自信
		⑥	休日出勤や残業についての考え
		⑦	会社が属する業界の将来性・成長性についての見方
		⑧	その他

（様式１）面接指示書

〇〇年〇月〇日

〇〇部〇〇課
〇〇〇〇殿

人事部長

面接指示書

応募者氏名	大学・学部	面接日時	面接場所	備　考
1				
2				
3				
4				
5				
6				
7				
8				
9				
10				

以上

（様式２）面接報告書

○○年○月○日

人事部長殿

○○部○○課
○○○○印

面接報告書

応募者氏名	大学・学部	面接日時	採否評価	評価理由
1			□採用 □不採用	
2			□採用 □不採用	
3			□採用 □不採用	
4			□採用 □不採用	
5			□採用 □不採用	
6			□採用 □不採用	
7			□採用 □不採用	
8			□採用 □不採用	
9			□採用 □不採用	
10			□採用 □不採用	

以上

第5節 採用経費規程

1 規程の趣旨

　会社の業務は何ごとも、あらかじめ一定の経費を計上したうえで、その経費を効率的・合理的に支出することにより遂行されなければならない。経費が合理的に決められていないと、必要以上に支出が増大してしまう。
　新卒者の採用活動も、同様である。あらかじめ経費の総額を決め、その枠のなかで採用業務を遂行していくのが合理的である。

2 規程の内容

（1）採用経費の算定基準

　採用経費は、合理的に算定されなければならない。一般的には、次のものを踏まえて算定するのが合理的である。
① 採用予定人員
② 前年度の採用経費の実績
③ 業績
④ その他

（2）経費の費目

　採用経費の費目を定める。例えば、次のとおりとする。
① 就職情報サイト掲載料
② 採用ホームページ制作・管理費
③ 会社案内制作・印刷費
④ 会社説明会開催費
⑤ 出張旅費・交通費
⑥ 郵送費・通信費
⑦ パート・アルバイト費
⑧ 内定者管理費
⑨ 諸雑費

（3）実績の報告

　人事部長は、採用年度が終了したときは、社長に対して経費の実績を報告

する。

3 モデル規程

採用経費規程

（総則）
第1条　この規程は、大学等新卒者の採用経費について定める。
（経費の承認）
第2条　人事部長は、新卒者の採用経費について、採用年度ごとに社長の承認を得なければならない。
（採用経費の算定基準）
第4条　採用経費は、次のものを踏まえて合理的に算定しなければならない。
　（1）採用予定人員
　（2）前年度の採用経費の実績
　（3）業績
　（4）その他
（経費の費目）
第5条　採用経費の費目は、次のとおりとする。
　（1）就職情報サイト掲載料
　（2）採用ホームページ制作・管理費
　（3）会社案内制作・印刷費
　（4）会社説明会開催費
　（5）出張旅費・交通費
　（6）郵送費・通信費
　（7）パート・アルバイト費
　（8）内定者管理費
　（9）諸雑費
（経費の支出）
第6条　人事部長は、採用経費について社長の承認を得たときは、これを適正に支出しなければならない。
（経費の修正）
第7条　人事部長は、経費の修正が必要であると判断したときは、社長に次の事項を申し出て、その承認を得なければならない。

（1）修正の内容
　　（2）修正を必要とする理由
　　（3）その他必要事項
（実績の報告）
第8条　人事部長は、採用年度が終了したときは、社長に対して経費の実績を報告しなければならない。
2　当初の予定額と実績との間に差異が生じたときは、その原因を分析し、分析結果を報告しなければならない。
（付則）
　　この規程は、　年　月　日から施行する。

（様式１）新卒者採用経費の承認願

○○年○月○日

取締役社長殿

人事部長

○○年度新卒者採用経費について（伺い）

	予　算	前年度予算	前年度比	備　考
1 就職情報サイト掲載料				
2 採用ホームページ制作費・管理費				
3 会社案内制作費・印刷費				
4 会社説明会開催費				
5 出張旅費・交通費				
6 郵送費・通信費				
7 パート・アルバイト費				
8 内定者管理費				
9 諸雑費				
計				

以上

(様式2) 新卒者採用経費修正の承認願

○○年○月○日

取締役社長殿

人事部長

○○年度新卒者採用経費の修正について（伺い）

		当初予算	修正予算	当初比	備　考
1	就職情報サイト掲載料				
2	採用ホームページ制作費・管理費				
3	会社案内制作費・印刷費				
4	会社説明会開催費				
5	出張旅費・交通費				
6	郵送費・通信費				
7	パート・アルバイト費				
8	内定者管理費				
9	諸雑費				
	計				

以上

(様式3）新卒者採用経費報告

○○年○月○日

取締役社長殿

人事部長

○○年度新卒者採用経費について（報告）

		実　績	当初予算	当初予算比	備　考
1	就職情報サイト掲載料				
2	採用ホームページ制作費・管理費				
3	会社案内制作費・印刷費				
4	会社説明会開催費				
5	出張旅費・交通費				
6	郵送費・通信費				
7	パート・アルバイト費				
8	内定者管理費				
9	諸雑費				
	計				

以上

第6節 内定者管理規程

1 規程の趣旨

　会社は、応募者について、書類選考、筆記試験および面接などの選考を行ったうえで、採用を内定する。内定に至るまでのコストと手間には、相当のものがある。

　内定した以上は、内定者全員に入社してもらわなければならない。内定を辞退されると、要員計画に支障が生じるのみならず、投入したコストと労力が無駄となる。

　内定者を確実に入社に導くために行う一連の働きかけを「内定者管理」という。内定者管理は、採用活動の中でもきわめて重要な意味を持つものである。

2 規程の内容

(1) 内定者管理の方法

　内定者管理の方法を定める。例えば、次の方法により行う。
① 内定式の開催
② 内定者との定期的連絡・接触
③ 内定者懇親会の開催
④ 入社前研修の実施

(2) 内定者への周知

　内定者管理には、内定者の理解と協力が必要である。このため、内定者に対して、内定者管理の方法とスケジュールをあらかじめ周知しておくのがよい。

　学事日程に影響を与えず、しかも内定者に過度の負担を与えない形で、スケジュールを組むことが望ましい。

(3) 内定辞退申出への対応

　学生は、一つの会社だけを受験するわけではない。多くの学生は、複数の会社の採用試験を受け、複数の会社から内定を得ることを目指している。

　このため、応募者に内定通知を出しても、内定を辞退される可能性がある。

一般に、中小の会社や、知名度の低い会社は、大手の会社や有名会社が本格的に内定を出し始めると、その影響を受けやすい。

内定辞退者が多いと、当然のことながら、それまでの努力が水泡に帰すことになるのみならず、要員管理・人員管理に支障が生じる。

内定者が内定辞退を申し出たときは、人事部員が本人と面談するなどして、極力これを慰留するものとする。

3 モデル規程

内定者管理規程

（総則）
第1条　この規程は、大学等新卒者の内定者管理について定める。
（目的）
第2条　内定者管理は、次の目的で行う。
（1）採用内定者を確実に入社に導くこと。他社への流出を防ぐこと
（2）入社への動機づけを図ること。入社への不安を解消すること
（3）会社と仕事についての基礎的知識を付与すること
（対象者）
第3条　内定者管理の対象者は、すべての新卒の採用内定者とする。
（方法）
第4条　内定者管理は、次の方法により行う。
（1）内定式の開催
（2）内定者との定期的連絡・接触
（3）内定者懇親会の開催
（4）入社前研修の実施
（5）その他
2　内定式は、内定者が出そろった段階で、内定者全員を集めて行う。社長以下の役員が出席する。
3　内定者との定期的連絡は、人事部員が電話またはメール等で内定者と連絡を取るという形で行う。近況を尋ね、入社の意向に変化がないかを確認する。
4　内定者懇親会は、内定者同士、および内定者と幹部社員との懇親・交流・意思疎通を深めるために行う。

5　入社前研修は、仕事と会社についての基礎知識を付与し、早期戦力化を目的として行う。

（内定者への周知）
第5条　内定者管理の方法とスケジュールは、採用内定者に対してあらかじめ周知するものとする。

（期間）
第6条　内定者管理の期間は、内定通知の直後から採用日までとする。

（各部の協力義務）
第7条　各部は、人事部が行う内定者管理に協力しなければならない。

（内定辞退申出への対応）
第8条　内定者が内定辞退を申し出たとき、または申し出る可能性があるときは、人事部員が本人と面談するなどして、極力これを慰留するものとする。

（付則）
　この規程は、　年　月　日から施行する。

（様式1）内定者一覧

人事部

○○年度採用内定者一覧

氏　名	大学・学部	現住所	電話番号	備　考
1				
2				
3				
4				
5				
6				
7				
8				
9				
10				

以上

（様式2）内定者への通知

〇〇年〇月〇日

採用内定者の皆さんへ

〇〇株式会社
人事部長〇〇〇〇

今後の行事について（お知らせ）

前略　お元気で毎日をお過ごしのことと思います。
　あなたの採用を内定できたことを大変嬉しく思っています。
　さて、当社では、〇〇年4月1日の入社日までの間、内定者を対象として一連の行事を予定しています。これらの行事をあなたのスケジュールに入れておくよう、お願い申し上げます。

草々

記

1　行事の内容と日時は、次のとおりです。

	日　　時	場　所	備考
1　内定式	〇〇年〇月〇日（〇）午前10〜12時	当社会議室	
2　定期的連絡	人事部員が毎月1回、メールまたは電話で近況をお聞きします。		
3　内定者懇親会	（第1回目）〇〇年〇月〇日（〇）午後5〜7時（第2回目）未定	当社会議室　　　　未定	
4　入社前研修	〇〇年〇月〇日（〇）〜〇月〇日（〇）各日とも午前10〜12時	当社会議室	

2　内定式、内定者懇親会および入社前研修につきましては、開催日が近づきましたら、またご案内いたします。

以上

第7節

応募者個人情報取扱規程

1 規程の趣旨

　会社は、履歴書、エントリーシートおよび面接などを通じて、応募者について多くの個人情報を取得する。個人情報は、プライバシーと深く結びついている。このため、慎重に取り扱わなければならない。
　職業安定法は、個人情報について、「労働者の募集を行う者は、その業務の目的の達成に必要な範囲内で求職者等の個人情報を収集し、並びに当該収集の目的の範囲内でこれを保管し、および使用しなければならない」旨規定している（第5条の4）。
　応募者の個人情報を適正に取り扱うため、取扱基準を規程という形で明確にしておくことが望ましい。

2 規程の内容

（1）収集の方法
　応募者の個人情報は、応募者本人から直接収集する。
（2）収集しない個人情報
　応募者の基本的人権を尊重し、次に掲げる個人情報は収集しないものとする。
　① 人種、民族、社会的身分、門地、本籍、出生地その他社会的差別の原因となるおそれのある事項
　② 思想および信条
　③ その他収集することが適切でないと判断される事項
（3）利用目的
　応募者の個人情報は、採用選考と採用後の人事管理に限って利用し、それ以外の目的では利用しない旨明記する。
（4）応募者個人情報管理責任者の選任
　応募者の個人情報を安全確実に管理するため、「応募者個人情報管理責任者」を選任するのが望ましい。

3 モデル規程

応募者個人情報取扱規程

（総則）
第1条　この規程は、大学等新卒者の採用に関して、応募者から収集する個人情報の取り扱いについて定める。
（収集の方法）
第2条　応募者の個人情報は、応募者本人から直接収集する。
（収集しない個人情報）
第3条　会社は、次に掲げる個人情報は収集しない。
　（1）人種、民族、社会的身分、門地、本籍、出生地その他社会的差別の原因となるおそれのある事項
　（2）思想および信条
　（3）その他収集することが適切でないと判断される事項
（利用目的）
第4条　個人情報は、採用選考および採用後の人事管理に限って利用し、それ以外の目的では利用しない。
（応募者個人情報管理責任者）
第5条　会社は、個人情報を安全確実に管理するため、「応募者個人情報管理責任者」（以下、単に「管理責任者」という）を置く。
2　管理責任者は、人事部長とする。人事部長を欠くとき、または人事部長に事故あるときは、次に掲げる者が次に掲げる順序で管理責任者となる。
　（1）人事部次長
　（2）人事課長
（管理責任者の義務）
第6条　管理責任者は、個人情報が外部に漏洩したり、紛失したり、あるいは不正に利用されたりすることのないよう、安全に管理しなければならない。
（採用業務担当者の義務）
第7条　募集・採用業務に携わる者は、個人情報の取り扱いについて、管理責任者の指示命令に従わなければならない。
（アクセス・閲覧等の禁止）
第8条　募集・採用業務に携わらない者は、個人情報にアクセスし、閲覧し、

コピーし、または撮影してはならない。
（社外への持ち出しの禁止）
第9条　社員は、個人情報が記録または記憶されている媒体を社外へ持ち出してはならない。
2　止むを得ず持ち出すときは、あらかじめ管理責任者に次の事項を申し出て、その許可を得なければならない。
　（1）個人情報が記録または記憶されている媒体
　（2）媒体に記録または記憶されている個人情報の内容
　（3）持ち出す目的
　（4）持出先
　（5）持ち出す月日
　（6）その他必要事項
3　管理責任者の許可を得て社外へ持ち出したときは、紛失したり、盗難に遭わないように十分注意しなければならない。
（第三者への提供）
第10条　会社は、個人情報を第三者に提供しない。
（応募書類の返却）
第11条　会社は、履歴書およびエントリーシートその他、応募者から提出された書類は返却しない。
（保管する必要がなくなった個人情報の取り扱い）
第12条　会社は、保管する必要がなくなった個人情報は、安全に破棄または削除するものとする。
（管理責任者への通報）
第13条　社員は、他の社員がこの規程に違反する行為をしたことを知ったときは、直ちにその内容を管理責任者に通報しなければならない。
2　通報は、口頭、電話、メール、郵便その他、その方法は問わないものとする。
3　通報は、匿名でも差し支えないものとする。
（事実関係の調査）
第14条　管理責任者は、社員から通報があったときは、直ちに事実関係を調査しなければならない。
2　調査に当たっては、通報者に迷惑が及ばないように十分配慮しなければならない。
（懲戒処分）
第15条　会社は、この規程に違反した者を懲戒処分に付する。

(付則)

　この規程は、　年　月　日から施行する。

(様式）応募者個人情報の社外持出し許可願

○○年○月○日
○○部○○課
○○○○印

応募者個人情報の社外持出し許可願

人事部長殿

1	記録または記憶媒体の名称	
2	記録または記憶されている個人情報の内容	
3	持ち出す目的	
4	持出先	
5	持ち出す月日	
備考		

以上

第8節 身元保証規程

1 規程の内容

　当然のことではあるが、会社は、社員が会社の利益のために誠実に勤務することを期待する。また、社員は、会社の利益のために誠実に勤務する義務を負っている。しかし、現実には、不正を働き、会社に損害を与えることがある。

　社員が不正行為によって会社に損害を与えた場合に、本人と連帯し、あるいは本人に代わってその損害を賠償する契約を「身元保証契約」という。採用に当たって、一人あるいは二人程度の身元保証人を立てさせる慣行が広く行われている。

2 規程の内容

（1）身元保証人の選任
　採用した新卒者に対して、1人以上の身元保証人を選任し、その住所および氏名を会社に届け出ることを求める。

（2）身元保証人の資格
　身元保証人の資格を明記する。例えば、次の条件を満たす者とする。
　① 日本国内に居住していること
　② 成人であること
　③ 経済力があること

（3）住民票記載事項証明書の添付
　身元保証書の偽造を防止するため、保証人の住民票記載事項証明書または印鑑証明書を添付させるのがよい。

（4）身元保証の有効期間
　身元保証に関する法律は、「身元保証契約の期間は、5年を超えることを得ず」と規定している（第2条第1項）。
　このため、身元保証契約の有効期間は、保証日から5年とする。契約期間が満了し、さらに身元保証を必要とするときは、再契約を請求する。

3 モデル規程

身元保証規程

(総則)
第1条　この規程は、身元保証の取り扱いを定める。
(身元保証人の選任)
第2条　会社は、採用した新卒者に対して、1人以上の身元保証人を選任し、その住所および氏名を会社に届け出ることを求める。
(身元保証人の責任)
第3条　身元保証人は、社員が会社に損害を与えたときに、社員と連帯し、あるいは社員に代わって、その損害を賠償する責任を負う。
(身元保証人の資格)
第4条　身元保証人は、次の条件を満たす者でなければならない。
　(1) 日本国内に居住していること
　(2) 成人であること
　(3) 経済力があること
(住民票記載事項証明書の添付)
第5条　身元保証書には、保証人の住民票記載事項証明書を添付しなければならない。
(身元保証の有効期間)
第6条　身元保証契約の有効期間は、保証日から5年とする。
2　契約期間が満了し、さらに身元保証を必要とするときは、再契約を請求する。
(身元保証人の変更)
第7条　社員は、次の場合には、身元保証人を変更し、これを会社に届け出なければならない。
　(1) 身元保証人が身元保証契約を辞退したとき
　(2) 身元保証人が死亡したとき
　(3) 身元保証人が経済力を喪失したとき
(身元保証に関する法律の適用)
第8条　身元保証に関してこの規程に定めのない事項は、身元保証に関する法律の定めるところによる。

（付則）
　この規程は、　年　月　日から施行する。

（様式）身元保証書

〇〇年〇月〇日

〇〇株式会社
取締役社長〇〇〇〇殿
　　　　　　　（身元保証人住所）東京都〇〇区〇〇町〇丁目〇番〇号
　　　　　　　（保証人氏名）〇〇〇〇印

　　　　　　　　　　身元保証書
　今般貴社に採用されました下記の者について、私が身元を保証いたします。下記の者が故意または重大な過失によって貴社に損害を与えたときは、本人と連帯してその損害を賠償いたします。
　　　　　　　（住所）東京都〇〇区〇〇町〇丁目〇番〇号
　　　　　　　（氏名）〇〇〇〇印
　　　　　　　（生年月日）〇〇年〇月〇日
　　　　　　　　　　　　　　　　　　　　　　　　以上

第2章 新卒者採用形態の多様化

第1節 コース別採用規程

1 規程の趣旨

　仕事についての考えや職業観は、学生によって異なる。「就職する以上は、能力を発揮して、基幹的な業務を担当したい」と考えている者もいれば、「自分には、補助的な仕事のほうが向いている」と考えている者もいる。
　また、役職への昇進についての意向や希望も人によって異なる。「会社に入る以上は、できる限り上位のポストを目指したい。できれば、役員になりたい」と考えている学生もいれば、「あまり昇進したいとは思わない」と考えている学生もいる。
　「経営に必要な人材を確保する」という新卒採用の目的を達成するためには、学生の職業観・仕事観に対応した採用を行う必要がある。
　コース別採用は、
　・将来において、非定型的・管理的業務を担当することが予定され、かつ、実力や成績に応じて昇進できる「総合職」
　・一般的な知識・技能をもとに、もっぱら定型的・補助的な業務を担当し、昇進はしない「一般職」
とに区分して新卒者を採用するというものである。

2 規程の内容

（1）採用事業所・勤務地
　総合職は本社において一括して採用し、一般職は各事業所において採用する。
　また、総合職の勤務地はすべての事業所とし、一般職の勤務地は採用事業所のみとする。

（2）採用対象者
　採用対象者は、総合職は「大学生以上」、一般職は「大学生以下」とするのが現実的・合理的であろう。
　なお、総合職・一般職とも、大学、学部および性別は問わないものとする。

（3）採用職種

採用職種は、総合職は、事務職、営業職、技術職および研究職とし、一般職は、事務職、技能職および販売職とするのが現実的・合理的であろう。

（4）採用予定人員

総合職の採用予定人員をどれくらいにするかはきわめて難しいことであるが、次の事項を総合的に勘案して決定するのが合理的である。

① 中期経営計画
② 退職者の実績と見込み
③ 新卒者の採用実績
④ 新卒者採用市場の動向
⑤ 業績

これに対して、一般職の採用予定人員は、次の事項を総合的に勘案して事業所ごとに決定する。

① 当該事業所の中期事業計画
② 当該事業所の退職者の実績と見込み

（5）募集方法

募集は、就職サイト、採用ホームページ、会社説明会および大学への求人票の送付などによって行う。

（6）選考方法

採用選考は、次の方法による。

① 書類選考
② 筆記試験（小論文）
③ 適性検査
④ 面接（一次面接、二次面接、総合職は役員面接も行う）
⑤ 健康診断

（7）採用基準

採用の基準を定める。例えば、総合職は、次のとおりとする。

① 仕事への熱意・意欲に優れていること
② コミュニケーション能力に優れていること
③ チャレンジ精神に富んでいること
④ 責任感が強いこと
⑤ 誠実さのあること
⑥ 働くことの目的意識が明確であること
⑦ 心身ともに健康であること

一方、一般職の採用基準は、次のとおりとする。

① 仕事への熱意・意欲に優れていること
② コミュニケーション能力に優れていること
③ 協調性に富んでいること
④ 誠実さのあること
⑤ 働くことの目的意識が明確であること
⑥ 心身ともに健康であること

(8) 内定通知と入社承諾書

採用を内定したときは、書面で通知する。

採用内定者に対して、入社承諾書の提出を求める。内定通知送付後10日以内に入社承諾書の提出がないときは、内定を取り消すものとする。

(9) 内定者管理

総合職については、採用内定者を確実に入社に導くため、入社日までの期間、内定式、電話・メール等による定期連絡、内定者懇親会の開催および入社前研修などにより、内定者管理を行う。

3 モデル規程

コース別採用規程

第1章 総則

(目的)
第1条 この規程は、大学等新卒者の採用について定める。
(コース別採用)
第2条 新卒者は、総合職と一般職とに区分して採用する。
(総合職・一般職の定義)
第3条 総合職は、将来において、非定型的・管理的業務を担当し、役職に昇進することが期待されるコースとする。
2 一般職は、一般的な知識・技能をもとに、もっぱら定型的・補助的業務を担当するコースとする。
(コースの選択)
第4条 コースの選択は、応募者に委ねる。
(採用事業所・勤務地)
第5条 総合職は本社において一括して採用し、一般職は各事業所において採用する。

2　総合職の勤務地はすべての事業所とし、一般職の勤務地は採用事業所のみとする。
（採用業務の基本的進め方）
第6条　採用業務は、次の事項に十分配慮し、公正かつ効率的に進めるものとする。
　（1）他社の動向
　（2）大学の学事日程
2　採用日は、総合職・一般職とも、毎年4月1日とする。
（採用計画）
第7条　人事部長は、総合職の採用について採用計画を作成し、社長の承認を得なければならない。
2　事業所の総務部長は、一般職の採用について採用計画を作成し、当該事業所長の承認を得なければならない。
（実績の報告）
第8条　人事部長は、採用年度が終了したときは、速やかにその実績を社長に報告しなければならない。
2　事業所の総務部長は、採用年度が終了したときは、速やかにその実績を当該事業所長に報告しなければならない。

第2章　総合職の採用

（採用対象者）
第9条　総合職の採用対象者は、採用年次に卒業する見込みの次の学生とする。
　（1）大学
　（2）大学院
2　大学、学部および性別は問わないものとする。
（採用職種）
第10条　採用職種は、次のいずれか1つまたは2つ以上とする。
　（1）事務職
　（2）営業職
　（3）技術職
　（4）研究職
（採用予定人員）
第11条　職種別の採用予定人員は、次の事項を総合的に勘案し、毎年度、取締役会において決定する。

（１）中期経営計画
　　（２）退職者の実績と見込み
　　（３）新卒者の採用実績
　　（４）新卒者採用市場の動向
　　（５）会社の業績
　　（６）その他
（募集方法）
第12条　募集は、次の方法による。
　　（１）就職サイト
　　（２）採用ホームページ
　　（３）会社説明会
　　（４）大学への求人票の送付
　　（５）その他
（応募書類）
第13条　応募者に対し、次の書類の提出を求める。
　　（１）履歴書（様式自由）
　　（２）エントリーシート（様式指定）
２　応募書類は、返却しないものとする。
（選考方法）
第14条　採用選考は、次の方法による。
　　（１）書類選考
　　（２）筆記試験（小論文）
　　（３）適性検査
　　（４）面接（一次面接、二次面接、役員面接）
　　（５）健康診断
（採用基準）
第15条　採用の基準は、次のとおりとする。
　　（１）仕事への熱意・意欲に優れていること
　　（２）コミュニケーション能力に優れていること
　　（３）チャレンジ精神に富んでいること
　　（４）責任感が強いこと
　　（５）誠実さのあること
　　（６）働くことの目的意識が明確であること
　　（７）心身ともに健康であること
２　次のいずれかに該当する者は、採用しない。

新卒・中途採用規程とつくり方

（1）若さ、ヤル気に欠ける者
　（2）自立性・主体性に欠ける者
　（3）物事に前向きに取り組もうとする意欲のない者
　（4）現実の経済・社会の出来事に対する興味や関心の低い者
　（5）人間関係を大事にしない者
　（6）話は上手だが行動を伴わない者

（採用・不採用の通知）
第16条　採用すること、または採用しないことを内定したときは、書面で通知する。
２　採用内定者に対して、入社承諾書の提出を求める。
３　内定通知送付後10日以内に入社承諾書の提出がないときは、内定を取り消すものとする。

（内定者管理）
第17条　採用内定者を確実に入社に導くため、入社日までの期間、次の方法により内定者管理を行う。
　（1）内定式
　（2）電話・メール等による定期連絡
　（3）内定者懇親会の開催
　（4）入社前研修
　（5）その他
２　内定者に対し、内定者管理の方法とスケジュールを周知するものとする。

（内定の取消し）
第18条　内定者が次のいずれかに該当したときは、事実関係を確認したうえで、内定を取り消すものとする。
　（1）違法行為により、逮捕・起訴されたとき
　（2）必要な単位を修得できないために卒業できないとき
　（3）健康を著しく害し、勤務に耐えられないと診断されたとき
　（4）重大な経歴詐称のあったとき

第3章　一般職の採用

（採用対象者）
第19条　採用の対象者は、採用年次に卒業する見込みの次の学生とする。
　（1）大学
　（2）短期大学
　（3）高等専門学校

（4）専門学校
2　大学、学部および性別は問わないものとする。
（採用予定人員）
第20条　採用予定人員は、次の事項を総合的に勘案し、毎年度、事業所ごとに決定する。
　（1）当該事業所の中期事業計画
　（2）当該事業所の退職者の実績と見込み
　（3）その他
（採用職種）
第21条　採用職種は、次のいずれか1つまたは2つ以上とする。
　（1）事務職
　（2）技能職
　（3）販売職
（募集方法）
第22条　募集は、次の方法による。
　（1）採用ホームページ
　（2）大学への求人票の送付
　（3）ハローワークへの求人票の提出
　（4）その他
（応募書類）
第23条　応募者に対し、次の書類の提出を求める。
　（1）履歴書（様式自由）
　（2）エントリーシート（様式指定）
2　応募書類は、返却しないものとする。
（選考方法）
第24条　採用選考は、次の方法による。
　（1）書類選考
　（2）筆記試験（時事問題）
　（3）適性検査
　（4）面接（一次面接、二次面接）
　（5）健康診断
（採用基準）
第25条　採用の基準は、次のとおりとする。
　（1）仕事への熱意・意欲に優れていること
　（2）コミュニケーション能力に優れていること

（３）協調性に富んでいること
　　（４）誠実さのあること
　　（５）働くことの目的意識が明確であること
　　（６）心身ともに健康であること
２　次のいずれかに該当する者は、採用しない。
　　（１）基本的な礼儀、マナーを心得ていない者
　　（２）若さ、ヤル気に欠ける者
　　（３）人間関係を大事にしない者
　　（４）人の話を良く聞こうとしない者
（採用・不採用の通知）
第26条　採用すること、または採用しないことを内定したときは、書面で通知する。
２　採用内定者に対して、入社承諾書の提出を求める。
３　内定通知送付後10日以内に入社承諾書の提出がないときは、内定を取り消すものとする。
（内定の取消し）
第27条　内定者が次のいずれかに該当したときは、事実関係を確認したうえで、内定を取り消すものとする。
　　（１）違法行為により、逮捕・起訴されたとき
　　（２）必要な単位を修得できないために卒業できないとき
　　（３）健康を著しく害し、勤務に耐えられないと診断されたとき
　　（４）重大な経歴詐称のあったとき
（付則）
　　この規程は、　年　月　日から施行する。

(様式1) 総合職採用計画の承認願

○○年○月○日

取締役社長殿

人事部長

○○年度新卒者（総合職）の採用について（伺い）

		内　容	備　考
1	採用対象者	○○年3月に大学または大学院を卒業予定の者	
2	採用人員	文系○名、理系○名、合計○名	（前年度実績） 文系○名、理系○名、合計○名
3	募集対象大学・学部	国内すべての大学・学部	
4	募集方法	① 就職サイト ② ホームページ ③ 会社説明会 ④ 大学への求人票	
5	応募者提出書類	① 履歴書 ② エントリーシート	
6	選考方法	① 書類審査 ② 適性検査 ③ 筆記試験（小論文） ④ 面接（一次・二次・役員） ⑤ 健康診断	
7	内定者管理方法	① 内定式 ② 電話・メール等による定期連絡 ③ 内定者懇親会の開催 ④ 入社前研修 ⑤ その他	

8	採用スケジュール	① 採用情報の公開 　　〇〇年〇月〇日〜 ② 応募受付 　　〇〇年〇月〇日〜 ③ 選考開始 　　〇〇年〇月〇日〜 ④ 内定出し 　　〇〇年〇月〇日〜 ⑤ 内定式 　　〇〇年〇月〇日 ⑥ 採用日 　　〇〇年4月1日	日本経団連の「採用選考に関する企業の倫理憲章」を遵守する。	
9	採用経費	① 就職サイト　　〇〇万円 ② ホームページ　〇〇万円 ③ 会社説明会　　〇〇万円 ④ 会社案内　　　〇〇万円 ⑤ 内定者管理費　〇〇万円 ⑥ 諸雑費　　　　〇〇万円 　　合計　　　　〇〇万円	（前年度実績） ① 就職サイト　　〇〇万円 ② ホームページ　〇〇万円 ③ 会社説明会　　〇〇万円 ④ 会社案内　　　〇〇万円 ⑤ 内定者管理費　〇〇万円 ⑥ 諸雑費　　　　〇〇万円 　　合計　　　　〇〇万円	
10	その他	① 募集に当たっては、総合職の役割・勤務条件を周知する。 ② 採用内定者に対して入社承諾書の提出を求める。 ③ 採用予定人員を採用できなかった場合、追加募集は行わない。		
			以上	

（様式２）一般職採用計画の承認願

〇〇年〇月〇日

〇〇事業所長殿

総務部長

〇〇年度新卒者（一般職）の採用について（伺い）

		内　容	備　考
1	採用対象者	〇〇年３月に大学、短大、高等専門学校または専門学校を卒業予定の者	
2	採用人員	事務職〇名、技能職〇名、販売職〇名　合計〇名	（前年度実績） 事務職〇名、技能職〇名、販売職〇名　合計〇名
3	募集対象大学	事業所周辺の大学等	
4	募集対象学部	すべての学部	
5	募集方法	①　ホームページ ②　大学への求人票 ③　ハローワークへの求人票	
6	応募者提出書類	①　履歴書 ②　エントリーシート	
7	選考方法	①　書類審査 ②　適性検査 ③　筆記試験（一般常識） ④　面接（一次・二次） ⑤　健康診断	
8	採用スケジュール	①　採用情報の公開 　　〇〇年〇月〇日〜 ②　応募受付 　　〇〇年〇月〇日〜 ③　選考開始 　　〇〇年〇月〇日〜 ④　内定出し 　　〇〇年〇月〇日〜 ⑤　内定式 　　〇〇年〇月〇日 ⑥　採用日 　　〇〇年４月１日	
9	採用経費	〇〇万円	（前年度実績） 〇〇万円

以上

(様式3）エントリーシート（総合職）

<table>
<tr><td colspan="2" align="center">エントリーシート（総合職）</td></tr>
<tr><td>氏名</td><td></td></tr>
<tr><td>大学名</td><td>　　　　大学　　　　学部　　　　学科</td></tr>
<tr><td>生年月日・性別</td><td>　　年　　月　　日　　□男　□女</td></tr>
<tr><td>住所</td><td></td></tr>
<tr><td>電話番号</td><td></td></tr>
</table>

○あなたを自由にPRしてください。

○当社を志望する理由を書いてください。

○総合職を志望する理由を書いてください。

○キャリアアップのためには、どのような努力が必要と思うか、書いてください。

以上

(様式4)エントリーシート(一般職)

<table>
<tr><td colspan="2" align="center">エントリーシート(一般職)</td></tr>
<tr><td>氏名</td><td></td></tr>
<tr><td>大学名</td><td>　　　　大学　　　学部　　　学科</td></tr>
<tr><td>生年月日・性別</td><td>　　年　　月　　日　　□男　□女</td></tr>
<tr><td>住所</td><td></td></tr>
<tr><td>電話番号</td><td></td></tr>
</table>

○あなたを自由にPRしてください。

○当社を志望する理由を書いてください。

○大学生活で一番打ち込んだことを書いてください。

○最近、感激または感動したことを書いてください。

以上

(様式5) 総合職採用報告

〇〇年〇月〇日

取締役社長殿

人事部長

〇〇年度総合職の採用について（報告）

1　採用人員

採用人員	当初予定	備　考
文系　〇名 理系　〇名 合計　〇名	文系　〇名 理系　〇名 合計　〇名	

2　採用に至る経緯

	人　数	備　考
1　応募者総数	〇名	
2　書類選考合格者数	〇名	
3　一次面接合格者数	〇名	
4　二次面接合格者数	〇名	
5　内定者数	〇名	
6　内定辞退者数	〇名	
7　採用者数	〇名	

3　採用経費

実　績	当初予定	備　考
①　就職サイト　〇〇万円 ②　ホームページ　〇〇万円 ③　会社説明会　〇〇万円 ④　会社案内　〇〇万円 ⑤　内定者管理　〇〇万円 ⑥　諸雑費　〇〇万円 　　　合計　〇〇万円	①　就職サイト　〇〇万円 ②　ホームページ　〇〇万円 ③　会社説明会　〇〇万円 ④　会社案内　〇〇万円 ⑤　内定者管理　〇〇万円 ⑥　諸雑費　〇〇万円 　　　合計　〇〇万円	

以上

(様式6) 一般職採用報告

○○年○月○日

○○事業所長殿

総務部長

○○年度一般職の採用について（報告）

1 採用人員

採用人員	当初予定	備　考
○名	○名	

2 採用に至る経緯

	人　数	備　考
1　応募者総数	○名	
2　書類選考合格者数	○名	
3　一次面接合格者数	○名	
4　二次面接合格者数	○名	
5　内定者数	○名	
6　内定辞退者数	○名	
7　採用者数	○名	

3 採用経費

実　績	当初予定	備　考
○○万円	○○万円	

以上

新卒・中途採用規程とつくり方

第2節

職種限定採用規程

1 規程の内容

　これまでは、文系の学生については、担当業務は特に決めずに採用し、会社の必要に応じて事務系のさまざまな業務（総務、人事、経理、財務、経営企画、調査、広告宣伝、営業、広報、その他）を担当させるというのが一般的であった。
　これに対して、最近は、特定の仕事を専門に担当することを希望する者が増えている。
　例えば、「経理・会計の仕事をしたい」「市場調査に興味を持っているので、市場調査の仕事がしたい」「法務・法律関係の業務を専門にしたい」などである。
　あらかじめ採用後の職種を特定して採用することを「職種限定採用」という。採用後は、特定の業務のみを専門に行わせ、それ以外の業務は命令しない。
　職種限定採用は、「スペシャリスト志向の優れた人材を採用できる」「職業意識のはっきりした者を採用できる」「採用後の定着率の向上を図れる」などのメリットがある。

2 規程の内容

（1）対象職種
　採用対象の職種については、
　・すべての職種を対象とする
　・一部の職種を対象とする
の2つがある。
　一部の職種を対象とする場合には、対象職種を具体的に定める。
（2）採用予定人員
　職種ごとの採用予定人員は、人事部長が関係部長と協議して算定し、社長の許可を得て決定することにするのが適切であろう。

(3) 採用基準

採用基準を明確にすることの重要性は、いくら強調しても強調しすぎることはない。職種限定採用の場合、採用基準は、例えば、次のとおりとする。
① 応募職種の遂行に必要な基礎的知識を備えていること
② コミュニケーション能力（表現力・理解力）に優れていること
③ 行動や考え方に主体性のあること
④ 応募職種に対する熱意・意欲に優れていること
⑤ 誠実さのあること
⑥ 心身ともに健康であること

3 モデル規程

職種限定採用規程

（総則）
第1条　この規程は、大学等新卒者の職種限定採用について定める。
（対象職種）
第2条　新卒者のうち次の職種については、職種を限定して採用する。
　（1）経理・財務担当職
　（2）法務担当職
　（3）市場調査担当職
2　経営管理・要員管理上必要であると認めるときは、対象職種の変更を行う。
（採用対象者）
第3条　採用の対象者は、採用年次に卒業する見込みの学生とする。
2　大学、学部および性別は問わないものとする。
（採用日）
第4条　採用日は、毎年4月1日とする。
（採用人員）
第5条　職種ごとの採用予定人員は、毎年度、人事部長が関係部長と協議して算定し、社長の承認を得て決定する。
（募集方法）
第6条　募集は、次の方法による。
　（1）就職サイト

（2）採用ホームページ
　（3）その他
（応募書類）
第7条　応募者に対し、次の書類の提出を求める。
　（1）履歴書（様式自由）
　（2）エントリーシート（様式指定）
2　応募書類は、返却しないものとする。
（選考方法）
第8条　採用選考は、次のいずれか1つまたは2つ以上の方法による。
　（1）書類選考
　（2）筆記試験
　（3）適性検査
　（4）面接
　（5）健康診断
（採用基準）
第9条　採用の基準は、次のとおりとする。
　（1）応募職種の遂行に必要な基礎的知識を備えていること
　（2）コミュニケーション能力（表現力・理解力）に優れていること
　（3）行動や考え方に主体性のあること
　（4）応募職種に対する熱意・意欲に優れていること
　（5）誠実さのあること
　（6）心身ともに健康であること
2　次のいずれかに該当する者は、採用しない。
　（1）若さ、ヤル気が感じられない者
　（2）人の話をよく聞こうとしない者
　（3）口は達者だが、行動を伴わない者
　（4）現実の経済社会の出来事に対する興味や関心の低い者
　（5）自分の発言や行動に対する責任意識に欠ける者
（選考結果の通知）
第10条　採用選考の結果、採用すること、または採用しないことを決定したときは、書面で通知する。
（入社承諾書の提出）
第11条　採用内定者に対して、入社承諾書の提出を求める。
2　内定通知送付後10日以内に提出がないときは、内定を取り消すものとする。

（内定の取消し）
第12条　採用内定者が次のいずれかに該当したときは、内定を取り消すものとする。
　（1）違法行為により、逮捕・起訴されたとき
　（2）必要な単位を修得できないために卒業できないとき
　（3）健康を著しく害し、勤務に耐えられないと診断されたとき
　（4）重大な経歴詐称のあったとき
2　採用内定の取消しは、書面で行う。
（付則）
　この規程は、　年　月　日から施行する。

（様式1）職種限定採用人員の承認願

　　　　　　　　　　　　　　　　　　　　　　　　　○○年○月○日

取締役社長殿

　　　　　　　　　　　　　　　　　　　　　　　　　　　人事部長

　　○○年度職種限定新卒者の採用について（伺い）

		採用人員	備考
1	経理・財務担当職		
2	法務担当職		
3	市場調査担当職		

　　　　　　　　　　　　　　　　　　　　　　　　　　　　　以上

(様式2) エントリーシート (職種限定採用)

エントリーシート	
氏名	
大学名	大学　　　学部　　　学科
生年月日・性別	年　　月　　日　　□男　□女
住所	
電話番号	

希望職種	

○あなたのセールスポイントを書いてください。

○上記の職種を希望する理由を書いてください。

○当社を志望した理由を書いてください。

○「10年後のあなた」をイメージして書いてください。

以上

第3節

第二新卒者採用規程

1 規程の趣旨

　卒業後2、3年以内で、定職に就いていない者を「第二新卒者」という。
　卒業年に就職しないと、正社員としての採用の道が永遠に閉ざされてしまうというのは好ましくない。再度正社員にチャレンジできる道が開かれているほうがよい。会社は、第二新卒者に対しても、応募の機会を与えることが望ましい。
　厚生労働省が雇用対策法に基づいて策定している「青少年の雇用機会の確保等に関して事業主が適切に対処するための指針」(2010年11月改正)は、「事業主は、新卒者の採用枠に、卒業後少なくとも3年間は応募できるようにすべきである」と定めている。

2 規程の内容

(1) 採用日
　第二新卒者の採用日については、実務的に、
　・4月1日に新卒者と併せて採用する
　・新卒者とは別に、夏季または秋季に採用する
の2つがある。

(2) 採用予定人員
　第二新卒者の採用人員については、
　・新卒者の採用予定人員と併せて決定する
　・新卒者の採用予定人員とは別枠で決定する
の2つがある。

(3) 採用基準
　採用の基準を定める。例えば、次のとおりとする。
　① 職務遂行に必要な基礎的知識を備えていること
　② コミュニケーション能力（表現力・理解力）に優れていること
　③ 行動や考え方に主体性のあること
　④ 仕事への熱意・意欲に優れていること

⑤　誠実さのあること
　⑥　協調性に富んでいること
　⑦　職業意識・就労目的が明確であること
　⑧　心身ともに健康であること

3 モデル規程

第二新卒者採用規程

（総則）
第1条　この規程は、第二新卒者の採用について定める。
2　第二新卒者とは、大学等を卒業後3年以内の者をいう。
（採用対象大学等）
第2条　採用対象の出身大学、学部および性別は問わないものとする。
（採用日）
第3条　採用日は、毎年10月1日とする。
（採用人員）
第4条　採用予定人員は、毎年度、人事部長が算定し、社長の承認を得て決定する。
（募集の方法）
第5条　募集は、次の方法による。
　（1）就職サイト
　（2）採用ホームページ
　（3）その他
（応募書類）
第6条　応募者に対し、次の書類の提出を求める。
　（1）履歴書（様式自由）
　（2）大学卒業証明書
　（3）職務経歴書（様式自由）
　（4）エントリーシート（様式指定）
2　応募書類は、返却しないものとする。
（選考方法）
第7条　採用選考は、次のいずれか1つまたは2つ以上の方法による。
　（1）書類選考

（２）筆記試験
　（３）適性検査
　（４）面接
　（５）健康診断
（採用基準）
第8条　採用の基準は、次のとおりとする。
　（１）職務遂行に必要な基礎的知識を備えていること
　（２）コミュニケーション能力（表現力・理解力）に優れていること
　（３）行動や考え方に主体性のあること
　（４）仕事への熱意・意欲に優れていること
　（５）誠実さのあること
　（６）協調性に富んでいること
　（７）職業意識・就労目的が明確であること
　（８）心身ともに健康であること
2　次のいずれかに該当する者は、採用しない。
　（１）基本的な礼儀、マナーを心得ていない者
　（２）若さ、ヤル気が感じられない者
　（３）人の話をよく聞こうとしない者
　（４）口は達者だが、行動を伴わない者
　（５）人間関係を大事にしない者
　（６）将来への夢や抱負のない者
（選考結果の通知）
第9条　採用選考の結果、採用すること、または採用しないことを決定したときは、書面で通知する。
（入社承諾書の提出）
第10条　採用内定者に対して、入社承諾書の提出を求める。
2　内定通知送付後10日以内に提出がないときは、内定を取り消すものとする。
（付則）
　この規程は、　年　月　日から施行する。

(様式1) 第二新卒者採用人員の承認願

○○年○月○日

取締役社長殿

人事部長

○○年度第二新卒者の採用について（伺い）

	採用人員	備考
1　文系		
2　理系		
計		

以上

(様式2) エントリーシート（第二新卒者）

エントリーシート

氏名	
出身大学・卒業年	大学　　学部　　学科（　年　月卒業）
生年月日・性別	年　月　日　□男　□女
住所	
電話番号	

職歴

年	月	

あなたを自由にPRしてください。
会社を志望する理由を書いてください。
あなたにとって「仕事」とは何ですか。

以上

第4節 通年採用規程

1 規程の趣旨

　これまで、新卒者については4月に一括して採用し、それ以外の時期には採用しないというのが一般的であった。
　これは、4月の一括採用が「学校の卒業時期（3月）に接続して自然な形でスムーズに行える」「採用活動を集中的・効率的に行える」「採用後の人事管理を統一的・効率的に行える」などのメリットがあるためである。
　しかし、近年、外国の大学を卒業した者、4月に就職しなかった者、就職したがすぐに辞めた者が増加するなど、新卒者の労働市場が大きく変化している。
　このような状況変化に対応し、4月の定期一括採用にこだわらず、年間を通して採用活動を行い、能力と意欲に優れた人材を獲得しようとする会社が増えている。

2 規程の内容

（1）通年採用の方法

　通年採用には、主として、
　・4月の定期採用に加えて、夏季または秋季にも採用する
　・年間を通して随時採用する
の2つの方法がある。
　現在通年採用を行っている会社について、その方法をみると、「4月の定期採用に加えて、夏季または秋季にも採用する」という会社が多い。

（2）採用対象者

　春と秋の年2回採用する場合には、それぞれの採用対象者を決める。
　例えば、春季は、「採用年次に卒業する見込みの学生」とし、秋季は、次のいずれかに該当し、かつ、卒業後3年以内の者とする。
　① 大学等を卒業して就職しなかった者
　② 他社に勤務している者
　③ 他社を退職した者

④　海外留学から帰国した者
（3）採用予定人員
採用予定人員は、次の事項を総合的に勘案して決定する。
①　中期経営計画
②　退職者の実績と見込み
③　新卒者の採用実績
④　新卒者採用市場の動向
⑤　業績
⑥　その他
（4）募集方法
募集は、就職サイト、採用ホームページ、会社説明会および大学への求人票の送付などで行う。
（5）選考方法
採用選考の方法は、書類選考、筆記試験、適性検査、面接および健康診断とする。
（6）採用基準
採用の基準を定める。例えば、次のとおりとする。
①　一般常識・教養を備えていること
②　コミュニケーション能力（表現力・理解力）に優れていること
③　行動や考え方に主体性のあること
④　チャレンジ精神に富んでいること
⑤　誠実さのあること
⑥　協調性に富んでいること
⑦　職業意識のあること。働く目的が明確であること
⑧　心身ともに健康であること

3　モデル規程

新卒者採用規程

（総則）
第1条　この規程は、大学等の新卒者の採用について定める。
（採用計画）
第2条　人事部長は、採用年度ごとに合理的・現実的な採用計画を作成し、

社長の承認を得なければならない。
（実績の報告）
第3条　人事部長は、採用年度が終了したときは、速やかにその実績を社長に報告しなければならない。
（採用日）
第4条　採用日は、毎年4月1日（春季採用）および10月1日（秋季採用）とする。
（採用の対象者）
第5条　採用の対象者は、次のとおりとする。
　（1）春季採用
　採用年次に卒業する見込みの学生
　（2）秋季採用
　次のいずれかに該当し、かつ、卒業後3年以内の者
　① 大学等を卒業して就職しなかった者
　② 他社に勤務している者
　③ 他社を退職した者
　④ 海外留学から帰国した者
2　大学、学部および性別は問わないものとする。
（採用職種）
第6条　採用職種は、次のいずれか1つまたは2つ以上とし、毎年度、取締役会において決定する。
　（1）事務職
　（2）営業職
　（3）販売職
　（4）技術職
　（5）研究職
（採用予定人員）
第7条　採用予定人員は、次の事項を総合的に勘案し、毎年度、取締役会において決定する。
　（1）中期経営計画
　（2）退職者の実績と見込み
　（3）新卒者の採用実績
　（4）新卒者採用市場の動向
　（5）業績
　（6）その他

（募集方法）
第8条　募集は、次のいずれか1つまたは2つ以上の方法による。
　（1）就職サイト
　（2）採用ホームページ
　（3）会社説明会
　（4）大学への求人票の送付
　（5）その他
（応募書類）
第9条　応募者に対し、次の書類の提出を求める。
　（1）履歴書（様式自由）
　（2）エントリーシート（様式指定）
　（3）卒業証明書（既卒者）
2　応募書類は、返却しないものとする。
（採用選考の方法）
第10条　採用選考は、次のいずれか1つまたは2つ以上の方法による。
　（1）書類選考
　（2）筆記試験
　（3）適性検査
　（4）面接
　（5）健康診断
（採用基準）
第11条　採用の基準は、次のとおりとする。
　（1）一般常識・教養を備えていること
　（2）コミュニケーション能力（表現力・理解力）に優れていること
　（3）行動や考え方に主体性のあること
　（4）チャレンジ精神に富んでいること
　（5）誠実さのあること
　（6）協調性に富んでいること
　（7）職業意識のあること。働く目的が明確であること
　（8）心身ともに健康であること
2　次のいずれかに該当する者は、採用しない。
　（1）基本的な礼儀、マナーを心得ていない者
　（2）若さ、ヤル気が感じられない者
　（3）人の話をよく聞こうとしない者
　（4）口は達者だが、行動を伴わない者

新卒・中途採用規程とつくり方

（5）話や文章の内容に一貫性がない者
　（6）自分の発言や行動に対する責任意識に欠ける者
　（7）将来への不安感がきわめて強い者
（選考結果の通知）
第12条　採用選考の結果、採用すること、または採用しないことを決定したときは、書面で通知する。
（入社承諾書の提出）
第13条　採用内定者に対して、入社承諾書の提出を求める。
2　内定通知送付後10日以内に提出がないときは、内定を取り消すものとする。
（内定者管理）
第14条　採用内定者を確実に入社に導くため、入社日までの期間、内定者管理を行う。
2　内定者管理は、次のいずれか1つまたは2つ以上の方法により行う。
　（1）内定式
　（2）電話・メール等による定期連絡
　（3）内定者懇親会の開催
　（4）入社前研修
　（5）その他
3　内定者管理の方法とスケジュールは、採用内定者に対してあらかじめ周知するものとする。
4　採用内定者から内定辞退の申出があったときは、翻意するよう説得する。
（内定の取消し）
第15条　採用内定者が次のいずれかに該当したときは、内定を取り消すものとする。
　（1）違法行為により、逮捕・起訴されたとき
　（2）必要な単位を修得できないために卒業できないとき
　（3）健康を著しく害し、勤務に耐えられないと診断されたとき
　（4）重大な経歴詐称のあったとき
2　採用内定の取消しは、書面で行う。
（応募者の個人情報の取り扱い）
第16条　応募者の個人情報は、採用業務および採用後の人事管理に限って利用し、それ以外の目的では利用しない。
（付則）
　　この規程は、　年　月　日から施行する。

(様式１) 採用計画（通年採用）の承認願

〇〇年〇月〇日

取締役社長殿

人事部長

〇〇年度新卒者の採用について（伺い）

		春季採用	秋季採用
1	採用日	4月1日	10月1日
2	採用対象者	3月に大学を卒業する者	次のいずれかに該当し、かつ卒業後3年以内の者 ①大学を卒業して就職しなかった者 ②外国の大学を卒業した者 ③他社に勤務中の者 ④他社を退職した者
3	採用予定人員	文系〇名、理系〇名、合計〇名	文系〇名、理系〇名、合計〇名
4	募集対象大学	問わない	問わない
5	募集方法	・就職サイト ・採用ホームページ ・会社説明会 ・大学への求人票の送付	・就職サイト ・採用ホームページ ・ハローワークへの求人
6	提出書類	・履歴書 ・エントリーシート	・履歴書 ・エントリーシート ・卒業証明書
7	選考方法	・書類審査 ・筆記試験 ・適性検査 ・面接 ・健康診断	左に同じ

8	採用スケジュール	① 採用情報の公開 〇〇年〇月〇日〜 ② 応募受付 〇〇年〇月〇日〜 ③ 選考開始 〇〇年〇月〇日〜 ④ 内定出し 〇〇年〇月〇日〜 ⑤ 内定式 〇〇年〇月〇日 ⑥ 採用日 〇〇年4月1日	① 採用情報の公開 〇〇年〇月〇日〜 ② 応募受付 〇〇年〇月〇日〜 ③ 選考開始 〇〇年〇月〇日〜 ④ 内定出し 〇〇年〇月〇日〜 ⑤ 内定式 〇〇年〇月〇日 ⑥ 採用日 〇〇年10月1日
9	採用経費	① 就職サイト　〇〇万円 ② ホームページ〇〇万円 ③ 会社説明会　〇〇万円 ④ 会社案内　　〇〇万円 ⑤ 内定者管理　〇〇万円 ⑥ 諸雑費　　　〇〇万円 合計　　　　　〇〇万円	① 就職サイト　〇〇万円 ② ホームページ〇〇万円 ③ 会社案内　　〇〇万円 ④ 諸雑費　　　〇〇万円 合計　　　　　〇〇万円

以上

(様式2）新卒者春季採用報告

○○年○月○日

取締役社長殿

人事部長

○○年度新卒者の春季採用について（報告）

1　採用人員

採用人員	当初予定	備　考
文系　○名 理系　○名 合計　○名	文系　○名 理系　○名 合計　○名	

2　採用に至る経緯

	人　数	備　考
1　応募者総数	○名	
2　書類選考合格者数	○名	
3　一次面接合格者数	○名	
4　二次面接合格者数	○名	
5　内定者数	○名	
6　内定辞退者数	○名	
7　採用者数	○名	

3　採用経費

実　績	当初予定	備　考
①　就職サイト　○○万円 ②　ホームページ　○○万円 ③　会社説明会　○○万円 ④　会社案内　○○万円 ⑤　内定者管理　○○万円 ⑥　諸雑費　○○万円 合計　○○万円	①　就職サイト　○○万円 ②　ホームページ　○○万円 ③　会社説明会　○○万円 ④　会社案内　○○万円 ⑤　内定者管理　○○万円 ⑥　諸雑費　○○万円 合計　○○万円	

以上

（様式3）新卒者秋季採用報告

〇〇年〇月〇日

取締役社長殿

人事部長

〇〇年度新卒者の秋季採用について（報告）

1　採用人員

採用人員	当初予定	備　考
〇名	〇名	

2　採用に至る経緯

	人　数	備　考
1　応募者総数	〇名	
2　書類選考合格者数	〇名	
3　一次面接合格者数	〇名	
4　二次面接合格者数	〇名	
5　内定者数	〇名	
6　内定辞退者数	〇名	
7　採用者数	〇名	

3　採用経費

実　績	当初予定	備　考
〇〇万円	〇〇万円	

以上

第5節 グループ合同採用規程

1 規程の趣旨

　規模がある程度大きい会社は、子会社・関連会社を含めて、いわゆる「企業グループ」を構成している。

　企業グループの場合、一般に親会社は、規模が大きいことに加えて知名度が高いので、新卒者を採用しやすい。しかし、子会社・関連会社は、規模が小さいことに加え、知名度が低い。このため、新卒者の採用が難しい。

　グループ全体の成長発展を期すためには、親会社のみならず、子会社・関連会社も能力と意欲に優れた人材を確保することが求められる。そのような観点からすると、グループ一体となって新卒者採用に取り組むことが望ましい。

2 規程の内容

（1）合同採用業務の範囲

　はじめに、グループ合同で行う採用業務の範囲を定める。一般的には、次の業務をグループ全体で行うのが合理的であろう。
　① 学生に対する採用情報の提供と募集
　② 応募書類の受付
　③ 書類審査、適性検査、筆記試験および一次面接
　④ 一次面接までの採用可否についての応募者への通知
　⑤ 内定者管理
　これに対して、次の業務は、各社ごとに行うのが合理的であろう。
　① 役職者による二次面接および役員による最終面接
　② 二次面接以降の採用可否の決定
　③ 二次面接以降の採用可否についての応募者への通知

（2）採用事務局の設置

　合同採用を組織的・効率的・計画的に行うため、各社の採用担当者で構成される「合同採用事務局」を置く。

(3) 採用経費
合同採用に係る経費は、次の事項を総合的に勘案して算定する。
① 採用予定人員
② 前年度の採用経費の実績
③ グループの業績
なお、採用経費の各社負担割合は、次の事項を総合的に勘案して決定する。
① 各社の採用予定人員
② 各社の業績

3 モデル規程

グループ合同採用規程

（総則）
第1条 この規程は、○○グループによる大学等新卒者の合同採用について定める。
（目的）
第2条 グループ合同採用は、次の目的で行う。
（1）経営の中核となる人材について、一定レベル以上の人材を採用すること。各社の人材の均質化を図ること
（2）採用業務を効率的に行うこと
（合同採用業務の範囲）
第3条 グループ合同で行う採用業務の範囲は、次のとおりとする。
（1）学生に対する採用情報の提供と募集
（2）応募書類の受付
（3）書類審査
（4）適性検査
（5）筆記試験
（6）一次面接
（7）一次面接までの採用可否についての応募者への通知
（8）内定者管理
2 次の業務は、各社ごとに行う。
（1）役職者による二次面接
（2）役員による最終面接

（３）二次面接以降の採用可否の決定
　（４）二次面接以降の採用可否についての応募者への通知
（採用事務局の設置）
第４条　合同採用を組織的・効率的・計画的に行うため、各社の採用担当者で構成される「合同採用事務局」を置く。
２　合同採用事務局は○○株式会社に置き、その事務局長は同社人事部長とする。
（採用計画）
第５条　合同採用事務局長は、採用年度ごとに採用計画を作成し、グループ社長会の承認を得なければならない。
（グループ社長会への報告）
第６条　合同採用事務局長は、採用年度が終了したときは、グループ社長会に対して次の事項を報告するものとする。
　（１）採用人員（実績および当初予定）
　（２）採用経費（実績および当初予定）
（採用経費）
第７条　合同採用に係る経費は、次の事項を総合的に勘案して算定する。
　（１）採用予定人員
　（２）前年度の採用経費の実績
　（３）グループの業績
　（４）その他
２　採用経費の各社負担割合は、次の事項を総合的に勘案して決定する。
　（１）各社の採用予定人員
　（２）各社の業績
　（３）その他
３　採用経費については、グループ社長会の承認を得て最終決定する。
（採用スケジュール）
第８条　合同採用業務は、次の事項に十分配慮して現実的・効率的なスケジュールを立て、公正に進めるものとする。
　（１）他社の動向
　（２）大学の学事日程
（採用日）
第９条　採用日は、毎年４月１日とする。
（採用対象者）
第10条　採用の対象者は、採用予定年次に卒業する学生とする。

2　大学、学部および性別は問わないものとする。
(採用予定人員)
第11条　採用予定人員は、各社の採用予定人員を合計した人員とする。
2　各社は、次の事項を総合的に勘案し、採用予定人員を決定するものとする。
　（1）中期経営計画
　（2）退職者の実績と見込み
　（3）業績
　（4）その他
3　採用予定人員については、グループ社長会の承認を得て最終決定する。
(募集方法)
第12条　募集は、次のいずれか1つまたは2つ以上の方法による。
　（1）就職サイト
　（2）採用ホームページ
　（3）会社説明会
　（4）大学への求人票の送付
　（5）その他
(採用情報の提供)
第13条　募集を円滑に行うため、就職予定の学生に対して次の情報を提供する。
　（1）グループの概要（構成会社、規模、その他）
　（2）各社の概要（所在地、業種、主要商品、規模、その他）
　（3）採用情報（採用予定人員、職種、応募書類、選考方法、その他）
　（4）待遇・労働条件（初任給、勤務時間、休日・休暇、その他）
2　採用情報の提供においては、正確さおよび分かりやすさに十分留意する。
(応募書類)
第14条　応募者に対し、次の書類の提出を求める。
　（1）履歴書（様式自由）
　（2）エントリーシート（様式指定）
2　応募書類は、返却しないものとする。
(採用基準)
第15条　採用の基準は、次のとおりとする。
　（1）一般常識・教養を備えていること
　（2）コミュニケーション能力（表現力・理解力）に優れていること
　（3）行動や考え方に主体性のあること

（4）チャレンジ精神に富んでいること
　（5）誠実さのあること
　（6）協調性に富んでいること
　（7）職業意識のあること。働く目的が明確であること
　（8）心身ともに健康であること
2　次のいずれかに該当する者は、採用しない。
　（1）基本的な礼儀、マナーを心得ていない者
　（2）若さ、ヤル気が感じられない者
　（3）人の話をよく聞こうとしない者
　（4）口は達者だが、行動を伴わない者
　（5）自分の発言や行動に対する責任意識に欠ける者
　（6）将来への不安感がきわめて強い者
（選考結果の通知）
第16条　各社は、採用選考の結果、採用すること、または採用しないことを決定したときは、書面で通知する。
（入社承諾書の提出）
第17条　採用内定者に対して、入社承諾書の提出を求める。
2　内定通知送付後10日以内に提出がないときは、内定を取り消すものとする。
（重複決定の取り扱い等）
第18条　同一の応募者について2つ以上の会社が内定を決定したときは、会社間で話し合って採用会社を決定する。この場合、本人の希望に十分配慮する。
2　採用内定者の人員が採用予定人員に達しなかった会社が出たとき、または出ることが見込まれるときは、グループとして適宜調整する。
（内定者管理）
第19条　採用内定者を確実に入社に導くため、入社日までの期間、内定者管理を行う。
2　内定者管理は、次のいずれか1つまたは2つ以上の方法により行う。
　（1）内定式
　（2）電話・メール等による定期連絡
　（3）内定者懇親会の開催
　（4）入社前研修
　（5）その他
（内定の取消し）
第20条　各社は、採用内定者が次のいずれかに該当したときは、内定を取り

消すものとする。
　（1）違法行為により、逮捕・起訴されたとき
　（2）必要な単位を修得できないために卒業できないとき
　（3）健康を著しく害し、勤務に耐えられないと診断されたとき
　（4）重大な経歴詐称のあったとき
（応募者の個人情報の取り扱い）
第21条　応募者の個人情報は、採用業務および採用後の人事管理に限って利用し、それ以外の目的では利用しない。
（付則）
　　この規程は、　年　月　日から施行する。

（様式1）グループ採用計画の承認願

○○年○月○日
○○グループ社長会殿
合同採用事務局長
○○グループ○○年度新卒者の採用について（伺い）

	内　容	備　考
1　採用対象者	○○年3月に大学院、大学、短大、高等専門学校または専門学校を卒業予定の者	
2　採用人員	○○工業　　　○名 ○○販売　　　○名 ○○サービス　○名 ○○情報開発　○名 ○○不動産　　○名 合計　　　　　○名	（前年度実績） ○○工業　　　○名 ○○販売　　　○名 ○○サービス　○名 ○○情報開発　○名 ○○不動産　　○名 合計　　　　　○名
3　募集対象大学	国内すべての大学	
4　募集対象学部	すべての学部	

5	募集方法	① 就職サイト ② ホームページ ③ 会社説明会 ④ 大学への求人票	
6	応募者提出書類	① 履歴書 ② エントリーシート	
7	選考方法	① 書類審査 ② 適性検査 ③ 筆記試験（小論文） ④ 面接（一次・二次・役員） ⑤ 健康診断	
8	採用スケジュール	① 採用情報の公開 　〇〇年〇月〇日〜 ② 応募受付 　〇〇年〇月〇日〜 ③ 選考開始 　〇〇年〇月〇日〜 ④ 内定出し 　〇〇年〇月〇日〜 ⑤ 内定式 　〇〇年〇月〇日 ⑥ 採用日 　〇〇年4月1日	採用後3ヶ月間は試用期間とする
9	採用経費（全体）	① 就職サイト 　　　〇〇万円 ② ホームページ 　　　〇〇万円 ③ 会社説明会 　　　〇〇万円 ④ 企業グループ案内 　　　〇〇万円	（前年度実績） 　　〇〇万円

		⑤　内定者管理　　　　〇〇万円	
		⑥　諸雑費　〇〇万円	
		合計　　　　〇〇万円	
10	採用経費 （負担割合）	〇〇工業　　〇〇万円 〇〇販売　　〇〇万円 〇〇サービス 　　　　　　〇〇万円 〇〇情報開発 　　　　　　〇〇万円 〇〇不動産　〇〇万円 合計　　　　〇〇万円	（前年実績） 〇〇工業　　〇〇万円 〇〇販売　　〇〇万円 〇〇サービス 　　　　　　〇〇万円 〇〇情報開発 　　　　　　〇〇万円 〇〇不動産　〇〇万円 合計　　　　〇〇万円

以上

（様式2）エントリーシート

エントリーシート（総合職）

氏名	
大学名	大学　　学部　　学科
生年月日・性別	年　月　日　　□男　□女
住所	
電話番号	

○あなたを自由にPRしてください。

○学生生活で一番打ち込んでいることは何ですか。また、その理由は何ですか。

○あなたにとって「就職」「仕事」とは、何ですか。

○当グループへの就職を希望する理由を書いてください。

○当グループのうち、入社を希望する会社はどこですか。（2社以上でも可）
　□○○工業　　□○○販売　　□○○サービス　　□○○情報開発
　□○○不動産

以上

（様式3）採用人員・採用経費の報告

〇〇年〇月〇日

〇〇グループ社長会殿

合同採用事務局長

〇〇グループ〇〇年度新卒者の採用実績について（報告）

	実　績	当初予定	備　考
1　採用人員	〇〇工業　　〇名 〇〇販売　　〇名 〇〇サービス 　　　　　　〇名 〇〇情報開発 　　　　　　〇名 〇〇不動産　〇名 合計　　　　〇名	〇〇工業　　〇名 〇〇販売　　〇名 〇〇サービス 　　　　　　〇名 〇〇情報開発 　　　　　　〇名 〇〇不動産　〇名 合計　　　　〇名	
2　採用経費	①　就職サイト 　　　　〇〇万円 ②　ホームページ 　　　　〇〇万円 ③　会社説明会 　　　　〇〇万円 ④　会社案内 　　　　〇〇万円 ⑤　内定者管理 　　　　〇〇万円 ⑥　諸雑費 　　　　〇〇万円 合計　　〇〇万円	①　就職サイト 　　　　〇〇万円 ②　ホームページ 　　　　〇〇万円 ③　会社説明会 　　　　〇〇万円 ④　会社案内 　　　　〇〇万円 ⑤　内定者管理 　　　　〇〇万円 ⑥　諸雑費 　　　　〇〇万円 合計　　〇〇万円	

以上

第6節 海外留学生採用規程

1 規程の趣旨

　経済の国際化・グローバル化が進んでいる。
　国際化・グローバル化への人事面での対応策には、「外国人を雇用する」「社員に外国語を習得させる」「社員を海外のビジネススクールに派遣し、ＭＢＡ資格を取得させる」など、さまざまなものがあるが、海外留学から帰国した者（帰国子女）の採用もその一つである。
　海外留学者は、語学が堪能である。また、現地での生活や交流を通じて、国際センスも身に付けている。そうした者を採用し、ビジネスの現場で活用する。

2 規程の内容

（1）採用日
　海外の大学の卒業時期は、一般的に夏または秋である。
　このため、海外留学生の採用については、夏季または秋季採用とするのが合理的・現実的である。

（2）募集方法
　募集は、就職サイトおよび採用ホームページなどで行う。

（3）選考方法
　採用選考の方法は、書類選考、適性検査、面接および健康診断とする。

（4）採用基準
　採用の基準を定める。例えば、次のとおりとする。
　① 一般常識・教養を備えていること
　② コミュニケーション能力に優れていること
　③ チャレンジ精神に富んでいること
　④ 誠実さのあること
　⑤ 協調性に富んでいること
　⑥ 職業意識・就労意識が明確であること
　⑦ 心身ともに健康であること

3 モデル規程

海外留学生採用規程

(総則)
第1条　この規程は、海外留学生の採用について定める。
(採用対象者)
第2条　採用の対象者は、海外留学から帰国し、3年以内の者とする。
2　留学先の大学および学部は、問わないものとする。
(採用日)
第3条　採用日は、10月1日とする。
(採用予定人員)
第4条　採用予定人員は、経営上の必要性を勘案し、毎年度決定する。
(採用職種)
第5条　採用職種は、事務職、営業職、販売職および技術職とし、毎年度決定する。
(募集方法)
第6条　募集は、次の方法による。
　（1）就職サイト
　（2）採用ホームページ
　（3）その他
(応募書類)
第7条　応募者に対し、次の書類の提出を求める。
　（1）履歴書（様式自由）
　（2）エントリーシート（様式指定）
(選考方法)
第8条　採用選考は、次の方法による。
　（1）書類選考
　（2）適性検査
　（3）面接
　（4）健康診断
2　面接においては、特に次の事項を確認する。
　（1）海外留学の目的

（2）海外留学で得たこと
　（3）当社の志望理由
　（4）希望する仕事
　（5）今後のキャリア形成の希望
（採用基準）
第9条　採用の基準は、次のとおりとする。
　（1）一般常識・教養を備えていること
　（2）コミュニケーション能力に優れていること
　（3）チャレンジ精神に富んでいること
　（4）誠実さのあること
　（5）協調性に富んでいること
　（6）職業意識・就労意識が明確であること
　（7）心身ともに健康であること
2　次のいずれかに該当する者は、採用しない。
　（1）基本的な礼儀、マナーを心得ていない者
　（2）若さ、ヤル気が感じられない者
　（3）人の話をよく聞こうとしない者
　（4）人間関係を大事にしない者
　（5）他人への感謝や思いやりに欠ける者
　（6）自分の発言や行動に対する責任意識に欠ける者
（選考結果の通知）
第10条　採用選考の結果、採用すること、または採用しないことを決定したときは、書面で通知する。
（入社承諾書の提出）
第11条　採用内定者に対して、入社承諾書の提出を求める。
2　内定通知送付後10日以内に提出がないときは、内定を取り消すものとする。
（内定の取消し）
第12条　採用内定者が次のいずれかに該当したときは、内定を取り消すものとする。
　（1）違法行為により、逮捕・起訴されたとき
　（2）必要な単位を修得できないために卒業できないとき
　（3）健康を著しく害し、勤務に耐えられないと診断されたとき
　（4）重大な経歴詐称のあったとき
（付則）
　この規程は、　年　月　日から施行する。

（様式１）海外留学生採用計画の承認願

○○年○月○日

取締役社長殿

人事部長

○○年度海外留学生の採用について（伺い）

		内容	備考
1	採用対象者	海外留学から帰国し、３年以内の者	
2	採用人員	若干名	
3	留学先大学・学部	特に問わない	
4	募集方法	① 就職サイト ② ホームページ ③ その他	
5	応募者提出書類	① 履歴書 ② エントリーシート	
6	選考方法	① 書類審査 ② 適性検査 ③ 面接（一次・二次） ④ 健康診断	
7	採用基準	① 一般常識・教養を備えていること ② コミュニケーション能力に優れていること ③ チャレンジ精神に富んでいること	

		④ 誠実さのあること	
		⑤ 協調性に富んでいること	
		⑥ 職業意識・就労意識が明確であること	
		⑦ 心身ともに健康であること	
8	採用日	○○年10月1日	

以上

(様式2) エントリーシート (海外留学生)

エントリーシート

氏名	
生年月日・性別	年　月　日　　□男　□女
住所	
電話番号	

留学先大学名	
留学期間	年　月　日～　　年　月　日

あなたを自由にPRしてください。

新卒・中途採用規程とつくり方　103

留学した理由を書いてください。

留学先の大学を選んだ理由は何ですか。

留学で得たことは何ですか。

当社を志望する理由を書いてください。

当社でしたい仕事は何ですか。

以上

第7節

外国人留学生採用規程

1　規程の趣旨

　ビジネスの国際化・グローバル化に対応して、外国人留学生を採用する会社が増えている。
　外国人留学生の採用は、「外国語が必要とされる業務に対応できる」「優秀な若い人材を獲得できる」「外国人ならではの技術や発想を取り入れられる」などの効果が期待できる。

2　規程の内容

（1）募集方法
　募集は、就職サイト、採用ホームページおよび大学への求人票の送付などで行う。
（2）応募書類
　応募者に対し、履歴書、エントリーシートおよび在学証明書などの提出を求める。
（3）選考方法
　採用選考の方法は、書類選考、適性検査、面接および健康診断とする。
　なお、面接においては、特に次の事項を確認するのがよい。
　① 日本に留学した目的
　② 留学先の大学を選択した理由
　③ 日本留学で得たこと
　④ 会社の志望理由
　⑤ 希望する仕事
　⑥ 今後のキャリア形成の希望
（4）採用基準
　採用の基準を定める。例えば、次のとおりとする。
　① 日本語の読み書きおよび会話ができること
　② コミュニケーション能力に優れていること
　③ 誠実さのあること

④　協調性に富んでいること
　⑤　職業意識・就労意識が明確であること
　⑥　心身ともに健康であること
(5) 雇用形態
　外国人の場合、入国管理法により在留期間が定められている。このため、雇用形態は、雇用期間を定める契約社員とし、必要により雇用契約を更新するものとする。

3　モデル規程

外国人留学生採用規程

（総則）
第1条　この規程は、外国人留学生の採用について定める。
（採用対象者）
第2条　採用の対象者は、海外から日本の大学に留学しており、採用年次に卒業予定の者とする。
2　留学先の大学、学部および性別は、問わないものとする。
（採用日）
第3条　採用日は、4月1日とする。
（採用人員）
第4条　採用人員は、経営上の必要性を勘案し、毎年度決定する。
（職種）
第5条　採用職種は、事務職、営業職、技術職および研究職とする。
（募集方法）
第6条　募集は、次の方法による。
　（1）就職サイト
　（2）採用ホームページ
　（3）大学への求人票の送付
　（4）その他
（応募書類）
第7条　応募者に対し、次の書類の提出を求める。
　（1）履歴書（様式自由）
　（2）エントリーシート（様式指定）

（３）在学証明書
（選考方法）
第８条　採用選考は、次の方法による。
　（１）書類選考
　（２）適性検査
　（３）面接
　（４）健康診断
２　面接においては、特に次の事項を確認する。
　（１）日本に留学した目的
　（２）留学先の大学を選択した理由
　（３）日本留学で得たこと
　（４）当社の志望理由
　（５）希望する仕事
　（６）今後のキャリア形成の希望
（採用基準）
第９条　採用の基準は、次のとおりとする。
　（１）日本語の読み書きおよび会話ができること
　（２）コミュニケーション能力に優れていること
　（３）誠実さのあること
　（４）協調性に富んでいること
　（５）職業意識・就労意識が明確であること
　（６）心身ともに健康であること
２　次のいずれかに該当する者は、採用しない。
　（１）基本的な礼儀、マナーを心得ていない者
　（２）若さ、ヤル気が感じられない者
　（３）人の話をよく聞こうとしない者
　（４）口は達者だが、行動を伴わない者
　（５）人間関係を大事にしない者
（雇用形態）
第10条　雇用形態は、雇用期間を定める契約社員とする。
２　雇用期間は、入国管理法の定めるところにより３年以内とし、必要により雇用契約を更新する。
（選考結果の通知）
第11条　採用選考の結果、採用すること、または採用しないことを決定したときは、書面で通知する。

（入社承諾書の提出）
第12条　採用内定者に対して、入社承諾書の提出を求める。
2　内定通知送付後10日以内に提出がないときは、内定を取り消すものとする。
（付則）
　この規程は、　年　月　日から施行する。

（様式１）外国人留学生採用の承認願

　　　　　　　　　　　　　　　　　　　　　　　　　　○○年○月○日
取締役社長殿
　　　　　　　　　　　　　　　　　　　　　　　　　　　　　人事部長
　　　　　　　　○○年度外国人留学生の採用について（伺い）

1	募集対象者	○○年３月に大学等を卒業する外国人留学生
2	国籍条件	特に問わない
3	募集対象大学	問わない
4	採用人員	○名
5	雇用形態	① 期間の定めのある契約社員 ② 雇用契約期間は、出入国管理法に基づいて決定する ③ 会社の必要性と本人の希望に基づき雇用契約を更新する
6	募集方法	① 就職サイト ② 採用ホームページ ③ 大学への求人票の送付
7	応募の受付期間	○○年○月～○○年○月
8	応募書類	① 履歴書 ② エントリーシート ③ 在学証明書

9	選考方法	① 書類審査
		② 適性検査
		③ 面接
		④ 健康診断
10	採用基準	① 日本語の読み書きおよび会話ができること
		② コミュニケーション能力に優れていること
		③ 誠実さのあること
		④ 協調性があること
		⑤ 職業意識・就労目的が明確であること
		⑥ 心身ともに健康であること
11	採用日	○○年4月1日
12	給与・待遇	就業規則の定めるところによる

以上

(様式2) エントリーシート(外国人留学生)

エントリーシート

氏名・国籍	（国籍）
大学名	大学　学部　学科
留学期間	年　月　日～　年　月　日（　年間）
生年月日・性別	年　月　日　□男　□女
日本での住所	
電話番号	

あなたを自由にPRしてください。

新卒・中途採用規程とつくり方

日本の会社に就職する理由を書いてください。

どうして当社を志望するのですか。

どのような面で当社に貢献できると思いますか。

以上

第8節

紹介予定派遣社員採用規程

1 規程の趣旨

　派遣会社に所属し、派遣会社の命令で、一定期間派遣先に派遣される社員を「派遣社員」という。
　派遣社員は、派遣先の指示命令に従って働くが、派遣先との間に雇用関係はない。派遣社員は、あくまでも派遣会社の社員である。だから、派遣期間が満了すると、派遣会社に戻る。
　これに対し、派遣期間終了後に派遣先に雇用される目的で派遣されることを「紹介予定派遣」という。
　会社にとって、紹介予定派遣社員の採用は、募集・採用選考・内定者管理などの手間を掛けずに新卒者を採用できるというメリットがある。

2 規程の内容

(1) 派遣会社への申し入れ

　紹介予定派遣という制度を利用して新卒者を採用するときは、派遣会社に対して次の事項を伝えたうえで、紹介予定派遣社員を派遣するよう申し入れる。
　① 派遣業務の内容
　② 派遣業務ごとの派遣人員
　③ 就業場所
　④ 派遣期間
　⑤ 派遣社員の望ましい人物像
　⑥ その他必要事項
　なお、労働者派遣法により、紹介予定派遣制度の派遣期間は「6ヶ月以内」とされている。

(2) 派遣社員の特定

　派遣先にとって、「どのような者が紹介予定派遣されてくるか」は、重要な関心事項である。このため、派遣に先立って、派遣会社に対して、派遣社員の履歴書の送付、派遣社員との面接などを求め、派遣社員を特定する。

（3）採用基準

　社員として採用する基準を定める。例えば、次のとおりとする。派遣期間終了後、派遣社員一人ひとりについて採用基準を満たしているかを評価し、採用の可否を決定する。
　① 業務遂行に必要な基礎的知識と能力を有するか
　② 仕事に対する熱意、意欲があるか
　③ コミュニケーション能力（表現力・理解力）に優れているか
　④ 協調性に富んでいるか
　⑤ 心身ともに健康であるか
　⑥ 定着が期待できるか

3 モデル規程

紹介予定派遣社員採用規程

（総則）
第1条　この規程は、紹介予定派遣社員の採用について定める。
（紹介予定派遣社員の派遣申し入れ）
第2条　会社は、必要に応じ、派遣会社に対して次の事項を伝えたうえで、紹介予定派遣社員を派遣するよう申し入れる。
　（1）派遣業務の内容
　（2）派遣業務ごとの派遣人員
　（3）就業場所
　（4）派遣期間
　（5）派遣社員の望ましい人物像
　（6）その他必要事項
（派遣業務・派遣人員）
第3条　次の事項は、会社の要員計画に基づき、毎年度取締役会において決定する。
　（1）派遣業務の内容
　（2）派遣業務ごとの派遣人員
（派遣期間）
第4条　派遣期間は6ヶ月以内とし、その都度定める。

（派遣社員の望ましい人物像）
第5条　派遣社員の望ましい人物像は、次のとおりとする。
　（1）業務遂行に必要な基礎的知識と能力を有すること
　（2）仕事に対する熱意、意欲があること
　（3）コミュニケーション能力（表現力・理解力）に優れていること
　（4）協調性に富んでいること
　（5）心身ともに健康であること
　（6）大学卒業後3年以内であること
2　出身大学、学部および性別は、問わないものとする。

（派遣契約の締結）
第6条　会社は、紹介予定派遣社員の受け入れに当たり、派遣会社との間で、次に掲げる事項について契約する。
　（1）派遣業務の内容
　（2）派遣業務ごとの派遣人員
　（3）就業場所
　（4）派遣期間
　（5）その他労働者派遣法で定められている事項

（派遣社員の特定）
第7条　派遣に先立って、派遣会社に対して、派遣社員の履歴書の送付、派遣社員との面接などを求め、派遣社員を特定する。

（配属先）
第8条　紹介予定派遣社員の配属先は、その都度決定する。

（採用基準）
第9条　会社は、派遣期間終了後、派遣社員一人ひとりについて次の事項を評価し、社員として採用するかどうかを決定する。
　（1）業務遂行に必要な基礎的知識と能力を有するか
　（2）仕事に対する熱意、意欲があるか
　（3）コミュニケーション能力（表現力・理解力）に優れているか
　（4）協調性に富んでいるか
　（5）心身ともに健康であるか
　（6）定着が期待できるか
2　評価は、紹介予定派遣社員が配属された部門の役職者2人以上によって行う。

（採用の可否の決定）
第10条　社員として採用するかどうかの最終決定は、前条に定める評価をもとにして取締役会において行う。

(本人の同意)
第11条　社員として採用することを決定したときは、本人の同意を得る。
(派遣会社への通知)
第12条　社員として採用することを決定したときは、派遣会社に対して次の事項を通知する。
　（1）採用することにした派遣社員の氏名
　（2）採用について本人が同意した旨
2　採用しないことを決定したときは、派遣会社に対して次の事項を通知する。
　（1）採用しないことにした派遣社員の氏名
　（2）採用しないことにした理由
(採用後の処遇)
第13条　採用後の処遇は、社員就業規則の定めるところによる。
2　前項の規定にかかわらず、試用期間は設けない。
(付則)
　この規程は、　年　月　日から施行する。

(様式) 紹介予定派遣社員採用計画の承認願

〇〇年〇月〇日

取締役社長殿

人事部長

紹介予定派遣社員（新卒者）の採用について（伺い）

1	派遣会社	〇〇人材派遣株式会社
2	派遣業務の内容	①　一般事務 ②　営業 ③　技術管理・研究開発
3	派遣人員	①　一般事務〇名 ②　営業〇名 ③　技術管理・研究開発〇名
4	派遣期間	6ヶ月以内とする。
5	派遣社員の条件	①　業務遂行に必要な基礎的知識と能力を有すること ②　仕事に対する熱意、意欲があること

5	派遣社員の条件	③ コミュニケーション能力（表現力・理解力）に優れていること ④ 協調性に富んでいること ⑤ 心身ともに健康であること ⑥ 大学卒業後3年以内であること
6	派遣社員の特定	派遣に先立って、派遣会社に対して、派遣社員の履歴書の送付、派遣社員との面接などを求め、派遣社員を特定する。
7	採用基準	派遣期間終了後、派遣社員一人ひとりについて次の事項を評価し、採用の可否を決定する。 ① 業務遂行に必要な基礎的知識と能力を有するか ② 仕事に対する熱意、意欲があるか ③ コミュニケーション能力（表現力・理解力）に優れているか ④ 協調性に富んでいるか ⑤ 心身ともに健康であるか ⑥ 定着が期待できるか
8	採用後の処遇	採用後の処遇は、社員就業規則の定めるところによる。ただし、試用期間は設けない。
9	派遣料	① 一般事務　1人1日当たり○万円
		② 営業　1人1日当たり○万円
		③ 技術管理・研究開発　1人1日当たり○万円
10	紹介料 （採用者1人当たり）	採用者本人の初年度の年収×○%

以上

第3章

新卒者採用の強化策

第1節

採用ホームページ規程

1 規程の趣旨

　能力と意欲に優れた学生の応募を促すという観点からすると、採用情報は、さまざまな方法を通じて発信するのがよい。このため、採用ホームページを立ち上げ、採用情報を公開し、募集するのがよい。

　就職サイトは、多くの学生に採用情報を伝達できるというメリットがあるが、就職情報会社が指定する情報しか掲載できない。

　これに対し、採用ホームページは、自社の考えや方針に沿ってそのコンテンツを自由に決めることができる。また、社員が制作すれば、コストはあまりかからない。

2 規程の内容

（１）採用ホームページの構成

　採用ホームページの構成は、次のとおりとするのがよい。

① 社長によるトップメッセージ
② 会社の紹介
③ 主要商品の紹介
④ 採用情報
⑤ 主要な仕事の紹介
⑥ 若手社員へのインタビュー
⑦ 採用後の処遇と労働条件
⑧ その他

（２）コンテンツ作成上の留意点

　コンテンツの作成においては、正確さ、分かりやすさ、最新性および具体性に十分留意するものとする。

3 モデル規程

採用ホームページ規程

（総則）
第1条　この規程は、大学等新卒者の採用ホームページについて定める。
（所管）
第2条　採用ホームページの作成および管理は人事部の所管とし、その責任者は人事部長とする。
（作成上の工夫）
第3条　人事部は、採用ホームページが就職予定の学生に印象と魅力を感じさせ、応募の動機付けとなるよう、その構成、内容および表現方法等に工夫を払わなければならない。
（採用ホームページの構成）
第4条　採用ホームページの構成は、次のとおりとする。
　（1）社長によるトップメッセージ
　（2）会社の紹介
　（3）主要商品の紹介
　（4）採用情報
　（5）主要な仕事の紹介
　（6）若手社員へのインタビュー
　（7）採用後の処遇と労働条件
　（8）その他
2　コンテンツの内容は、別表のとおりとする。
（コンテンツ作成上の留意点）
第5条　人事部は、コンテンツの作成において、次の事項に十分留意しなければならない。
　（1）正確さ
　（2）分かりやすさ
　（3）最新性
　（4）具体性
（コンテンツの更新）
第6条　人事部は、コンテンツの正確さを図るため、必要に応じて内容の更新を行わなければならない。

（効果の検証）
第7条　人事部は、採用ホームページが新卒者の採用において効果を上げているかを随時検証しなければならない。
2　効果の検証方法は、次による。
　（1）ホームページへのアクセス数の分析
　（2）会社説明会への参加者へのアンケート
　（3）採用面接時の質問
　（4）採用内定者への聞き取り
　（5）その他
（付則）
　この規程は、　年　月　日から施行する。

(別表) コンテンツの内容

1	社長メッセージ	① 経営理念・経営方針 ② 応募の呼びかけ
2	会社紹介	① 事業内容 ② 事業所所在地 ③ 売上高、利益、従業員数 ④ その他
3	主要商品紹介	
4	採用情報	① 募集職種、採用予定人員 ② 採用対象大学、学部、学科 ③ 求める人物像 ④ 選考方法 ⑤ 応募書類、提出先、提出時期等 ⑥ その他
5	仕事紹介	
6	若手社員インタビュー	① 入社した理由 ② 現在の仕事の内容と満足度 ③ 職場環境 ④ 休日の過ごし方 ⑤ その他
7	採用後の処遇・労働条件	① 初任給 ② 賞与 ③ 勤務時間、休日、休暇 ④ 福利厚生 ⑤ その他
8	その他	

第2節 会社説明会規程

1 規程の趣旨

　会社説明会は、「会社の意思で開催時期と場所を決定できる」「プログラムの内容を自由に決めることができる」「採用情報を詳しく説明できる」などのメリットが期待できる。

　会社への就職に多かれ少なかれ一定の関心を持っている者だけが参加しているので、話を熱心に聞いてくれる、というのも大きなメリットである。

　会社説明会を開催している会社は、その取扱基準を明確にしておくのがよい。

2 規程の内容

（1）開催の時期・回数

　会社説明会の開催時期および開催回数は、次の事項を総合的に勘案して決定するのがよい。
① 新卒者採用市場の動向
② 他社の会社説明会の開催時期
③ 前年の開催時期
④ その他

（2）対象者

　会社説明会の対象者は、採用年次に卒業予定の学生とする。
　大学、学部、学科および性別等については、条件は設けないものとする。

（3）説明会のプログラム

　会社説明会は、本来的に、就職予定の学生に対して会社をPRする場であるが、それと同時に、会社のPR能力やセンスを評価される場でもある。そのような観点からすると、説明会のプログラムは、おおむね次のとおりとするのが適切である。
① 開会挨拶
② 会社の紹介
③ 採用計画の説明

④ 若手社員による会社生活の説明
⑤ 質疑応答

（4）周知方法
　会社説明会を開催する以上は、一人でも多くの学生が参加することが望ましい。参加者が多ければ多いほど、能力と意欲に優れた学生が採用選考に応募する可能性が高まるからである。
　会社説明会開催については、就職サイト、採用ホームページへの掲載、会社の採用資料請求者への通知などにより周知する。

（5）参加者の個人情報の収集
　説明会の参加者に対して、参加者カードへの記入を求めて個人情報を収集し、その後の採用活動に活用する。

3　モデル規程

会社説明会規程

（総則）
第1条　この規程は、大学等新卒者のための会社説明会について定める。
（開催の時期・回数）
第2条　会社説明会の開催時期および開催回数は、次の事項を総合的に勘案して決定する。
　（1）新卒者採用市場の動向
　（2）他社の会社説明会の開催時期
　（3）前年の開催時期
　（4）その他必要事項
（対象者）
第3条　会社説明会の対象者は、採用年次に卒業予定の学生とする。
2　大学、学部、学科および性別等については、条件は設けないものとする。
（会場）
第4条　会場は、次の事項を総合的に勘案して決定する。
　（1）交通の便
　（2）会場の設備、スペース
　（3）会場の借用料
　（4）その他

（説明会のプログラム）
第5条　説明会のプログラムは、おおむね次のとおりとする。
　（1）開会挨拶
　（2）会社の紹介
　（3）採用計画の説明
　（4）若手社員による会社生活の説明
　（5）質疑応答

（採用計画の説明事項）
第6条　採用計画の説明事項は、次のとおりとする。
　（1）採用職種・採用予定人員
　（2）応募の手続き
　（3）選考方法
　（4）望ましい人物像
　（5）採用後の主要な労働条件
　（6）その他

（周知方法）
第7条　会社説明会開催について、次の方法により、その周知を図るものとする。
　（1）就職サイト
　（2）採用ホームページへの掲載
　（3）会社への採用資料請求者への通知
　（4）その他

（参加申し込みの受付）
第8条　参加の申し込みは、メールで受け付ける。

（参加者の個人情報の収集）
第9条　説明会の参加者に対して、参加者カードへの記入を求めて次の情報を収集し、その後の採用活動に活用する。
　（1）氏名・住所・生年月日・性別
　（2）大学・学部・学科
　（3）その他

（開催計画の作成）
第10条　人事部長は、会社説明会を開催するときは、あらかじめ開催日時、会場、募集人員および開催経費等について計画を作成し、社長の承認を得なければならない。

（合同会社説明会への参加）
第11条　会社は、必要であると認めるときは、就職情報会社、新聞社等の第三者機関が主催する合同会社説明会に参加する。
2　合同会社説明会の選択基準は、次のとおりとする。
　（1）主催者の知名度が高いこと
　（2）開催について豊かな実績があること
　（3）参加費用が適切であること
　（4）開催時期が適切であること
（付則）
　　この規程は、　年　月　日から施行する。

（様式1）会社説明会開催の承認願

〇〇年〇月〇日

取締役社長殿

人事部長

会社説明会の開催について（伺い）

		説明	備考
1	開催年月日	〇〇年〇月〇日 午後〇時～〇時	（前年度） 〇〇年〇月〇日
2	会場		（前年度）〇〇公民館
3	募集人員	〇〇〇名	（前年度）〇〇〇名
4	周知方法	①　就職サイト ②　採用ホームページへの掲載 ③　会社への採用資料請求者への通知 ④　その他	
5	プログラム	①　開会挨拶 ②　会社の紹介 ③　採用計画の説明 ④　若手社員による会社生活の説明 ⑤　質疑応答	

6 開催経費	① 会場借用料 ○○万円 ② 配布資料作成費 ○○万円 ③ 諸雑費○○万円 合計　○○万円	（前年度）○○万円
7 その他		

以上

(様式２)参加者カード

参加者カード

大学名	大学　　学部　　学科
氏名	
生年月日・性別	年　月　日　□男　□女
住所	
電話番号	
趣味・スポーツ	
クラブ・サークル	
会社説明会を知った方法	□就職サイト □採用ホームページ □フェースブック、ブログ □大学のポスター □就職情報誌の広告 □友人の話 □その他（　　　　　　）

以上

第3節 リクルーター規程

1 規程の趣旨

　新卒者の採用は、本来的に人事部の仕事である。しかし、対象者が学生であるため、人事部のスタッフだけで行うよりも、入社年次の若い社員を活用するのがベターである。このため、若い社員を「リクルーター」として活用している会社が多い。

　リクルーター制は、会社にとって、「先輩という立場を利用して、学生に確実にアプローチできる」「学生に会社への親近感を与えられる。先輩のいる会社、という身近さを感じてもらえる」「採用活動の生産性・効率性を高めることができる」などのメリットがある。

2 規程の内容

（1）リクルーターの任務
　リクルーターの任務を定める。一般的には、「出身校等の学生のうち能力・意欲に優れている者に対して、会社の新卒者採用計画や採用後の労働条件などを説明し、会社の採用試験の受験を働きかけること」とするのが適切であろう。

（2）リクルーターの任命基準
　一般的には、大学卒業後3、4年以内の社員の中から、リクルーターを任命するのがよい。

（3）リクルーターの任期
　リクルーターの任期は、1年とする。

（4）リクルート活動
　リクルーターは、人事部長の包括的な指示に従い、担当職務に著しい影響を与えない範囲で、自由にリクルート活動をするものとする。

　なお、勤務時間中にリクルート活動をするために職務を離れるときは、あらかじめ所属課の課長に届け出て、その許可を得るものとする。

（5）報告の義務
　リクルーターに対し、リクルート活動の状況を定期的に人事部長に報告す

ることを求める。

③ モデル規程

リクルーター規程

（総則）
第1条　この規程は、リクルーター制度について定める。
（目的）
第2条　会社は、能力・意欲に優れた新卒者を効率的に採用する目的で、リクルーターを置く。
（リクルーターの任務）
第3条　リクルーターの任務は、出身校等の学生のうち能力・意欲に優れている者に対して次の事項を説明し、会社の採用試験の受験を働きかけることとする。
　（1）経営方針・経営理念
　（2）新卒者採用計画
　（3）採用後の労働条件
　（4）その他
（リクルーターの任命基準）
第4条　会社は、大学卒業後4年以内の社員の中から、リクルーターを任命する。
（任期）
第5条　リクルーターの任期は、1年とする。
（リクルート活動）
第6条　リクルーターは、人事部長の包括的な指示に従い、担当職務に著しい影響を与えない範囲で、自由にリクルート活動をすることができる。
2　勤務時間中にリクルート活動をするために職務を離れるときは、あらかじめ所属課の課長に届け出て、その許可を得なければならない。
（報告の義務）
第7条　リクルーターは、リクルート活動の状況を毎月1回人事部長に報告しなければならない。
（禁止事項）
第8条　リクルーターは、次に掲げることをしてはならない。

（1）大学の教育環境を乱すこと
　（2）アプローチした学生に対して採用を確約すること
　（3）採用後の労働条件を過大に説明すること
(実費支給)
第9条　会社は、リクルーターが次の費用を支出したときは、その実費を支給する。
　（1）交通費
　（2）食事代（社会的常識の範囲内とする）
(情報交換会)
第10条　会社は、リクルーターがリクルート活動に関する情報を相互に交換する機会を設ける。
2　リクルーターは、前項に定める情報交換会に参加し、自己のリクルート活動に役立てるようにしなければならない。
(付則)
　この規程は、　年　月　日から施行する。

（様式１）リクルーター任命書

○○年○月○日
○○部○○課
○○○○殿

人事部長

リクルーター任命書

○○年度卒業予定の学生を採用するためのリクルーターに任命する。
（任期）○○年○月○日～○○年○月○日

以上

（様式２）リクルート活動報告書

○○年○月○日
人事部長殿

○○部○○課
○○○○

活動報告（○○年○月）

活動内容	① ② ③ ④ ⑤
備考	

以上

第4節 インターンシップ規程

1 規程の趣旨

　インターンシップは、学生を一定期間会社に受け入れて、仕事を体験させるという制度である。会社にとって「採用に値する優秀な学生と出会える」というメリットがある。
　すなわち、受け入れた学生について、誠実さ、働くことへの熱意・意欲、コミュニケーション能力および協調性などを評価する。そして、「優秀である」「採用するにふさわしい」と判断される学生に対して、しかるべき時期に「当社へ入らないか」と働きかける。

2 規程の内容

（1）インターンシップの対象者
　インターンシップの対象者は、大学の2年次または3年次以上の学生とするのが適切であろう。
　募集人員は、受入れ能力を踏まえて決定する。

（2）募集方法
　インターンシップの学生は、大学における募集ポスターの掲示、ホームページなどで募集する。

（3）実施時期
　インターンシップは、学事日程に影響を与えない形で実施することが求められる。このため、毎年7～9月に行うのがよい。

（4）時間数・日数
　インターンシップの時間数および日数を定める。例えば、時間数は30時間とし、その構成は次のとおりとする。
　・時間帯＝午前9時～午後4時（休憩を除き、正味6時間）
　・日数＝5日（月曜日～金曜日）

（5）評価
　インターンシップを受けた学生一人ひとりについて、受講態度・姿勢、理解力・判断力、協調性などを評価する。そして、「優秀である」「採用するに

ふさわしい」と判断される学生に対して、しかるべき時期に「当社へ入らないか」と働きかける。

❸ モデル規程

インターンシップ規程

（総則）
第1条　この規程は、インターンシップについて定める。
（目的）
第2条　インターンシップは、次の目的で実施する。
　（1）学生に対して会社の業務を体験学習する機会を与え、職業選択の参考としてもらうこと
　（2）会社および会社の業務に対する学生と大学関係者の理解を深めること
　（3）採用活動に役立てること
（所管）
第3条　インターンシップは人事部の所管とし、その責任者は人事部長とする。
（対象者）
第4条　インターンシップの対象者（以下、「インターン生」という）は、大学の2年次以上に在学中の学生とする。
（募集人員）
第5条　インターン生の募集人員は、受入れ能力を踏まえて、毎年度決定する。
（募集方法）
第6条　インターン生は、毎年5～6月に次の方法で募集する。
　（1）大学における募集ポスターの掲示
　（2）ホームページ
　（3）その他
（提出書類）
第7条　応募者に対して次の書類の提出を求める。
　（1）履歴書
　（2）インターンシップ申込書

2　提出された書類は、返却しないものとする。
(選考基準)
第8条　応募者について公正な書類選考を行い、インターン生を決定する。
2　選考の基準は、次のとおりとする。
　(1)　インターンシップに対して熱意、意欲のあること
　(2)　インターンシップについて目的意識がはっきりしていること
3　選考を終えたときは、その結果を応募者に通知する。
(実施時期)
第9条　インターンシップは、毎年7～9月に行う。
(時間構成)
第10条　インターンシップの時間数は30時間とし、その構成は次のとおりとする。
　(1)　時間帯＝午前9時～午後4時（休憩を除き、正味6時間）
　(2)　日数＝5日（月曜日～金曜日）
(実習内容)
第11条　インターン生に教える内容は、次のとおりとする。
　(1)　会社の組織の概要
　(2)　会社の業務の概要
　(3)　特定の業務（一般事務、製造、その他）の進め方
(配属先)
第12条　インターン生の配属先はその都度決定する。
(実施責任者の選任)
第13条　インターン生を配属する部門に「インターンシップ実施責任者」を置く。
2　配属する部門の課長は、実施責任者を選任し、人事部長に報告する。
(実施責任者の業務)
第14条　インターンシップ実施責任者の業務は、次のとおりとする。
　(1)　担当部門における実習プログラムの作成
　(2)　インターンシップの実施
　(3)　インターン生の管理
　(4)　人事部との連絡調整
2　実施責任者は、インターンシップの実施について、安全に十分配慮しなければならない。
(インターン生の氏名等の通知)
第15条　人事部長は、インターン生を決定したときは、その氏名等をインター

ンシップ実施部門の課長に通知する。
(奨励手当)
第16条　会社は、インターン生に対して次の奨励手当を支給する。
　　　　奨励手当―――1時間につき500円
(交通費)
第17条　インターン生に対し、自宅から会社までの交通費を支給する。ただし、1日当たり往復1,000円を限度とする。
(傷害保険)
第18条　会社は、インターン生について傷害保険を付保する。保険料は会社で負担する。保険金の受取人は会社とし、治療費などに充当する。
(誓約書)
第19条　会社は、インターンシップの開始に当たり、インターン生に対して誓約書の提出を求める。
(評価)
第20条　インターンシップ実施責任者は、インターンシップが終了したときは、受講した学生一人ひとりについて、受講態度・姿勢、理解力・判断力および誠実さ等を評価し、人事部長に報告しなければならない。
(入社への働きかけ)
第21条　人事部長は、インターンシップ実施責任者が高く評価した学生に対して、入社を働きかけるものとする。
(付則)
この規程は、　年　月　日から施行する。

(様式1) インターンシップ申込書

		○○年○月○日
	インターンシップ申込書	
大学・学部・年次	氏名	□男　□女

1　インターンシップを希望する理由

2　将来希望する職業・職種

3　自分を簡単にPRして下さい。

以上

（様式２）インターン生通知書

〇〇年〇月〇日

〇〇部〇〇課長殿

人事部長

インターン生の氏名等について（通知）

氏名	性別	大学・学部	備考
1	□男　□女		
2	□男　□女		
3	□男　□女		
4	□男　□女		
5	□男　□女		
6	□男　□女		
7	□男　□女		

以上

(様式3) インターンシップ誓約書

○○年○月○日

誓約書

| 大学・学部・年次 | | 氏名 | |

貴社のインターンシップを受けるに当たり、次のとおり誓約します。

記
1 貴社の指示命令に従い、誠実にインターンシップを受けます。
2 貴社の機械設備、備品、器具および商品を大切に取り扱います。
3 故意または重大な過失によって貴社に損害を与えたときは、その損害を賠償します。
4 安全および衛生に十分注意します。

以上

(様式4) インターンシップ受講者の評価報告書

○○年○月○日

人事部長殿

インターンシップ実施責任者○○○○印

インターンシップ受講者の評価について(報告)

氏名	評価項目	評価	備考
1	① 受講態度・姿勢	A・B・C	
	② 規律意識	A・B・C	
	③ 理解力・判断力	A・B・C	
	④ 協調性	A・B・C	
	⑤ 誠実さ	A・B・C	
	⑥ 総合評価	A・B・C	

2	① 受講態度・姿勢 ② 規律意識 ③ 理解力・判断力 ④ 協調性 ⑤ 誠実さ ⑥ 総合評価	A・B・C A・B・C A・B・C A・B・C A・B・C A・B・C	
3	① 受講態度・姿勢 ② 規律意識 ③ 理解力・判断力 ④ 協調性 ⑤ 誠実さ ⑥ 総合評価	A・B・C A・B・C A・B・C A・B・C A・B・C A・B・C	
4	① 受講態度・姿勢 ② 規律意識 ③ 理解力・判断力 ④ 協調性 ⑤ 誠実さ ⑥ 総合評価	A・B・C A・B・C A・B・C A・B・C A・B・C A・B・C	
5	① 受講態度・姿勢 ② 規律意識 ③ 理解力・判断力 ④ 協調性 ⑤ 誠実さ ⑥ 総合評価	A・B・C A・B・C A・B・C A・B・C A・B・C A・B・C	
6	① 受講態度・姿勢 ② 規律意識 ③ 理解力・判断力 ④ 協調性 ⑤ 誠実さ ⑥ 総合評価	A・B・C A・B・C A・B・C A・B・C A・B・C A・B・C	

7	① 受講態度・姿勢	A・B・C	
	② 規律意識	A・B・C	
	③ 理解力・判断力	A・B・C	
	④ 協調性	A・B・C	
	⑤ 誠実さ	A・B・C	
	⑥ 総合評価	A・B・C	

（評語）A＝優れている　B＝普通　C＝劣っている

以上

第4章 新卒者の定着促進

第1節

新卒社員定着支援規程

1 規程の趣旨

　会社は、採用した新卒者が1日でも早く仕事と職場に慣れ、定着してくれることを期待している。採用選考の苦労が大きければ大きいほど、定着への期待は強い。しかし、現実には、短期間に退職する新卒者が多い。厚生労働省の調査によると、大卒の約3割の者が最初の就職先を3年以内に退職している。

　新卒者に早期に退職されると、採用や育成に投入したコストを回収できなくなり、損失を蒙る。また、早期の退職は、一般的に本人のキャリア形成にとってもマイナスである。

　新卒社員の定着促進に計画的に取り組むことが望ましい。

2 規程の内容

(1) 定着支援対策の内容
　新卒社員の定着を支援するための対策を具体的に定める。定着支援対策としては、一般的に次のようなものがある。
① 新卒社員研修
② 役職者による定着支援
③ 新卒社員相談カウンセラーの配置
④ 人事部による面談
⑤ 退職事情調査

(2) 定着状況の観察
　新卒社員を配属された部門の役職者に対し、新卒社員の定着が確実に進んでいるかを観察させる。
　もしも、定着面において何か問題が生じていると判断されるときは、人事部に報告させる。

(3) 定着支援特別措置の実施
　人事部は、定着を支援するため、配属先の部門と協議し、次のいずれか1つまたは2つ以上の措置を講じる。

① 仕事の量の見直し
② 仕事の内容の見直し
③ 先輩社員によるOJTの実施
④ 他の部門への配置転換
⑤ その他

3 モデル規程

新卒社員定着支援規程

(総則)
第1条　この規程は、新卒社員の定着支援対策について定める。
(定着支援対策)
第2条　会社は、新卒社員の定着を支援するため、次の対策を講じる。
　(1) 新卒社員研修
　(2) 役職者による定着支援
　(3) 新卒社員相談カウンセラーの配置
　(4) 人事部による面談
　(5) 定着支援特別措置
　(6) 退職事情調査
　(7) 定着支援対策の調査研究
　(8) その他
(新卒社員研修)
第3条　会社は、新卒社員が職場に早期に定着できるようにするため、採用直後に集合研修を行う。
2　集合研修では、次の事項を教える。
　(1) 会社の経営理念、経営方針
　(2) 組織と職制
　(3) 各部門の業務内容
　(4) 就業規則その他の主要な規則・規程
　(5) 社員の心得、服務規律
　(6) その他必要事項
(役職者による定着支援)
第4条　新卒社員を配属された部門の役職者は、新卒社員が職場に定着し、

職務において能力を十分に発揮できるよう、本人とのコミュニケーションを密にし、積極的に支援しなければならない。
2　定着支援は、新卒社員の能力、性格および資質に十分配慮して行うようにしなければならない。

（新卒社員相談カウンセラー）
第5条　人事部に「新卒社員相談カウンセラー」を置く。
2　新卒社員は、仕事の内容および職場の人間関係その他について、面談、電話、メールその他の方法により相談することができる。
3　カウンセラーは、新卒社員から相談を受けたときは、相談の内容に応じた適切なアドバイスを行う。
4　カウンセラーは、相談の内容について、秘密を厳守しなければならない。

（勤務態度等の観察）
第6条　新卒社員を配属された部門の役職者は、新卒社員について次の事項を観察するものとする。
　（1）遅刻、早退、欠勤
　（2）職場の同僚とのコミュニケーション
　（3）職場の同僚および役職者への態度
　（4）仕事への態度、意欲
　（5）仕事の成果
　（6）その他勤務態度に関すること
2　観察の結果、新卒社員の職場定着において何らかの問題が生じていると判断したときは、できる範囲において適切な措置を講じなければならない。
3　適切な措置を講じてもなお定着が図られないときは、人事部へ次の事項を報告しなければならない。
　（1）新卒社員の氏名
　（2）定着において問題が生じていると判断される理由
　（3）定着促進のために講じた措置の内容
　（4）その他必要事項

（人事部による面談）
第7条　人事部は、前条の定めるところにより報告があったときは、当該新卒社員と面談する。
2　面談の内容は、次のとおりとする。
　（1）仕事への満足度
　（2）能力の発揮度

（3）仕事の忙しさ
　（4）職場の同僚との人間関係
　（5）役職者の指示命令の仕方
　（6）その他
(定着支援特別措置)
第8条　人事部は、前条に定める面談の結果を踏まえて必要と認めるときは、配属先の役職者と話合い、次のいずれか1つまたは2つ以上の措置を講じる。
　（1）仕事の量の見直し
　（2）仕事の内容の見直し
　（3）先輩社員によるOJTの実施
　（4）他の部門への配置転換
　（5）その他
(退職事情の調査・報告)
第9条　各部門の長は、勤続3年以下の者が退職するときは、本人と面談するなどして退職事情を把握し、これを人事部へ報告しなければならない。
2　人事部は、報告を受けた退職事情を分析し、その後の新卒者の採用管理および人事管理に役立てるものとする。
(定着支援対策の調査研究)
第10条　人事部は、新卒社員の定着支援対策について調査研究するものとする。
2　調査研究は、次の方法による。
　（1）文献調査
　（2）他社の事例調査
　（3）その他
(付則)
　この規程は、　年　月　日から施行する。

(様式1) 新卒社員定着不全報告

○○年○月○日

人事部長殿

○○部長

新卒社員定着不全報告

1	氏名	
2	定着において問題が生じていると判断される理由（本人の勤務態度、仕事への意欲、職場の人間関係、その他）	
3	定着促進のために講じた措置の内容	
4	その他	

以上

(様式2) 新卒社員退職事情報告

○○年○月○日

人事部長殿

○○部長

新卒社員退職事情報告

1	氏名	
2	入社年月日	
3	退職年月日	
4	退職理由	
5	退職に至る経緯等	
6	その他	

以上

第2節 メンター規程

1 規程の趣旨

　新卒社員の能力と意欲は、人によって異なる。ものの考え方や性格も、人それぞれである。このため、定着促進策は、きめ細かく行うことが求められる。新卒社員全員を一つのまとまりとして統一的・全体的に行うよりも、個別に行う方が効果的である。

　「メンター制度」とは、先輩社員（メンター）が新卒社員（メンティ）に対して、個別に、仕事の知識、仕事の進め方および職場の規律・ルール等を指導し、育成と定着を図る制度をいう。きめ細かい定着促進策といえる。

2 規程の内容

(1) メンターの任用基準

　メンターの任用基準を定める。例えば、次のとおりとする。
① 30歳以下または勤続3～8年程度
② 業務に習熟していること
③ 人柄が良いこと

(2) メンターの任期

　メンターの任期を定める。一般的には、採用日の4月1日から翌年3月31日までの1年とするのがよい。

(3) 所属長・人事課長への報告

　メンターに対して、次の事項を定期的に所属長および人事課長に報告することを求める。
① 教育・指導の内容
② 新卒社員の業務の習得状況
③ 新卒社員の職場への定着の状況
④ その他必要事項

(4) メンター研修

　メンター制度の効果を高めるため、メンターに任命された者を対象として研修会を開催するのがよい。研修会のプログラムは、次のとおりとする。

第3節

ＯＪＴ規程

1 規程の趣旨

　新卒者が早期に退職する大きな理由の一つは、「仕事を覚えられないこと」「仕事に馴染めないこと」である。定着の促進のためには、仕事の意義やその進め方を確実に教えることが必要である。

　仕事の教え方にはいくつかの方法があるが、OJTは、「上司または先輩社員が、実際の仕事を通して、仕事に必要な知識・技能・問題解決方法および態度を教える」というものである。確実で効果が大きい教育技法である。

　OJTを実施するときは、その基準を明確にしておくことが望ましい。

2 規程の内容

（1）OJT担当者の任務

　はじめに、OJT担当者の任務を定める。任務は、新卒社員に対して次の事項を習得させ、その早期戦力化と定着化を図ることとするのが適切であろう。
① 社員としての心得
② 業務遂行に必要な知識・技術または技能
③ 業務において問題が生じたときの対処の仕方
④ その他業務遂行に必要なこと

（2）OJT担当者の任命基準

　OJT担当者の任命基準を定める。例えば、次のとおりとする。
① 新卒社員と年齢的に近接していること
② 業務に精通していること
③ 勤務態度が良好であること

（3）OJTの期間

　OJTの期間を定める。一般的には、新卒社員の職場配属日以降おおむね6ケ月または1年間とするのが適切であろう。

（4）課長への報告

　OJT担当者に対して、次の事項を適宜適切に所属課長に報告することを求める。

(様式２) メンタリング報告書

〇〇年〇月〇日

所属課長殿
人事課長殿

〇〇部〇〇課
〇〇〇〇印

メンタリング報告書（〇月〇日～〇月〇日）

		内　容	備　考
1	教育・指導の内容	① ② ③	
2	新卒社員の業務の習得状況	☐順調に習得している ☐ほぼ順調に習得している ☐やや問題がある ☐問題がある	
3	新卒社員の職場への定着状況	☐順調に定着している ☐ほぼ順調に定着している ☐やや問題がある ☐問題がある	
4	その他		

以上

（2）新卒社員の業務の習得状況
　（3）新卒社員の職場への定着の状況
　（4）その他必要事項
（メンター研修）
第7条　会社は、メンター制度の効果を高めるため、メンターに任命された者を対象として研修会を開催する。
2　研修会のプログラムは、次のとおりとする。
　（1）メンター制度の目的
　（2）メンターの役割
　（3）メンターの心得
　（4）メンタリングの進め方
　（5）新卒社員との信頼関係の形成の仕方
　（6）その他
3　メンターは、必ず研修を受けなければならない。
（付則）
　この規程は、　年　月　日から施行する。

（様式1）メンター任命書

```
                                            ○○年4月1日
○○部○○課
○○○○殿
                                            人事部長
                     任命書
　メンターに任命する。新卒社員の育成と定着に誠実に取り組むよう期
待する。
　（任期）○○年4月1日～○○年3月31日（1年間）
                                                以上
```

① メンター制度の目的
② メンターの役割
③ メンターの心得
④ メンタリングの進め方
⑤ 新卒社員との信頼関係の形成の仕方
⑥ その他

3 モデル規程

メンター規程

(総則)
第1条　この規程は、メンター制度について定める。
(メンターの役割)
第2条　メンターの役割は、次のとおりとする。
　(1) 新卒社員の業務習得を支援すること
　(2) 新卒社員の職場適応を支援すること
　(3) 新卒社員の定着と自立を促進すること
(メンターの任用基準)
第3条　会社は、新卒社員を配属する職場の社員の中から、次の条件を満たす者をメンターに任命する。
　(1) 30歳以下または勤続3～8年程度
　(2) 業務に習熟していること
　(3) 人柄が良いこと
(メンターの責務)
第4条　メンターに任命された者は、自らの使命と責任を認識し、メンターとしての役割を誠実に果たさなければならない。
(任期)
第5条　メンターの任期は、4月1日から翌年3月31日までの1年とする。
(所属長・人事課長への報告)
第6条　メンターは、次の事項を所属長および人事課長に報告しなければならない。報告は、4～6月は2週間に1回、7月以降は毎月1回行わなければならない。
　(1) 教育・指導の内容

① OJTの進捗状況
② 新卒社員の仕事への熱意・意欲
③ 新卒社員の職場への定着度
④ その他OJTに関すること

(5) OJT担当者の心得

OJTがうまくいくか行かないかは、OJT担当者の教え方や教える態度によるところが大きい。このため、「分かりやすく具体的に教えること」「簡単・単純なものから一つずつ教えること」「業務については、自分自身でやってみせること」「相手の能力・資質・性格・意欲に配慮すること」など、OJT担当者が留意すべき事項を明記する。

3 モデル規程

OJT規程

（総則）
第1条　この規程は、OJTについて定める。
（OJTの目的）
第2条　OJTは、新卒社員の早期戦略化と職場への定着化を図る目的で行う。
（OJT担当者の選任）
第3条　新卒社員を配属された課の課長は、課員の中からOJTを行う者（以下、「OJT担当者」という）を選任し、これを人事課長に届け出なければならない。
2　OJT担当者の選任基準は、原則として次のとおりとする。
（1）新卒社員と年齢的に近接していること
（2）業務に精通していること
（3）勤務態度が良好であること
（OJT担当者の任命）
第4条　人事課長は、前条の定めるところにより届出のあった者を「OJT担当者」として任命する。
（OJT担当者の任務）
第5条　OJT担当者の任務は、新卒社員に対して次の事項を習得させ、その早期戦力化と定着化を図ることとする。
（1）社員としての心得

（2）業務遂行に必要な知識・技術または技能
　（3）業務において問題が生じたときの対処の仕方
　（4）その他業務遂行に必要なこと
（OJTの期間）
第6条　OJTの期間は、新卒社員の職場配属日以降おおむね6ケ月間とする。
（OJT担当者の心得）
第7条　OJT担当者は、次の事項に留意してOJTを行わなければならない。
　（1）分かりやすく具体的に教えること
　（2）簡単・単純なものから一つずつ教えること
　（3）業務については、自分自身でやってみせること
　（4）相手の能力・資質・性格・意欲に配慮すること
　（5）相手を責めたり、叱ったりしないこと
　（6）相手に明るくさわやかに接すること
　（7）相手との日常的なコミュニケーションに努めること
　（8）相手の私生活やプライバシーに過度に立ち入らないこと
（課長への報告）
第8条　OJT担当者は、次の事項を適宜適切に所属課長に報告しなければならない。
　（1）OJTの進捗状況
　（2）新卒社員の仕事への熱意・意欲
　（3）新卒社員の職場への定着度
　（4）その他OJTに関すること
（OJT担当者への指導・助言）
第9条　課長は、必要であると認めるときは、OJT担当者に対して、OJTの進め方について指導し、または助言しなければならない。
（OJT担当者研修）
第10条　会社は、OJT制度の効果を高めるため、OJT担当者を対象として研修会を開催する。
2　研修会のプログラムは、次のとおりとする。
　（1）OJT制度の目的
　（2）OJT担当者の役割
　（3）OJT担当者の心得
　（4）OJTの進め方
　（5）新卒社員との信頼関係の形成の仕方
　（6）その他

3　OJT担当者は、必ず研修を受けなければならない。
(OJT手当の支給)
第11条　会社は、OJT担当者に対し、OJT開始から6ヶ月間、OJT手当を支給する。
2　OJT手当は、次のとおりとする。
　　　(OJT手当)　月額○千円
(問題がある場合への対応)
第12条　OJT担当者は、新卒社員が次のいずれかに該当するときは、所属課長にその旨報告しなければならない。
　(1) 仕事への熱意・意欲に欠けるとき
　(2) 欠勤、遅刻または早退を繰り返すとき
　(3) その他勤務態度に問題があると認められるとき
2　課長は、OJT担当者から報告があったときは、当該新卒社員と面談し、勤務態度を改善するよう指導する。
3　課長は、前項に定める指導をしても勤務態度が改善されないときは、人事課長に報告し、人事課長とその対応を協議するものとする。
(付則)
　この規程は、　年　月　日から施行する。

(様式1) OJT担当者選任届

○○年○月○日

人事課長殿

○○部○○課長

OJT担当者選任届

1	氏名	
2	入社年月日	
3	その他	

以上

(様式2) OJT担当者任命書

○○年4月1日

○○部○○課
○○○○殿

人事課長

任命書

　OJT担当者に任命する。新卒社員の育成と定着に誠実に取り組むよう期待する。
　(任期) ○○年4月1日～○○年9月30日 (6ヶ月間)

以上

第5章 中途採用者の採用

第1節 中途採用規程

1 規程の趣旨

　中途採用は、会社にとって、「人材を必要とするときに、会社の都合で自由に実施できる」「業務に必要な即戦力を確保できる」「募集開始から入社までの期間が短い」などのメリットが期待できる。
　近年経営環境が厳しさを増し、先行きを展望できない状況が続いている。このような中で、中途採用を実施する会社が増加している。また、採用の軸足を新卒から中途採用に切り替える会社も出ている。
　中途採用を適正かつ効率的に行うため、その実施基準を規程という形で明確にしておくことが望ましい。

2 規程の内容

（1）中途採用の手続き
　はじめに、中途採用実施の社内手続きを定める。一般的には、
　①　部門の長は、社員の退職等により人員の補充または増員を必要とするときは、社長に対して補充または増員を申し出る
　②　社長は、申出の内容を審査する
　③　審査の結果、人員の補充または増員が必要であると判断したときは、人事部長に対して中途採用を行うよう指示する
　④　人事部長は、社長から中途採用の実施を指示されたときは、採用計画を作成し、社長の承認を得たうえで中途採用を実施する
という手順を踏むのが適切であろう。

（2）募集方法
　募集は、次のいずれか1つまたは2つ以上の方法で行う。
　①　転職サイト
　②　採用ホームページ
　③　ハローワークへの求人票の提出
　④　就職情報誌による広告
　⑤　新聞広告

新卒・中途採用規程とつくり方　159

⑥　その他
（3）選考方法
　採用選考は、書類選考（履歴書・職務経歴書）、適性検査、面接および健康診断により行う。
（4）採用基準
　どのような人材を採用し、どのような人物は採用しないか、採用の基準を定める。採用基準を明確にすることの重要性は、いくら強調しても強調しすぎることはない。採用基準は、例えば、次のとおりとする。
　①　採用予定職務の経験があること
　②　職務の遂行に必要な知識、技術または技能を習得していること
　③　職務遂行について熱意・意欲のあること
　④　責任感、実行力・行動力のあること
　⑤　誠実さのあること
　⑥　協調性に富んでいること
　⑦　心身ともに健康であること
　なお、次に該当する者は、採用しないものとする。
　①　転職・退職を繰り返している者
　②　転職・退職の理由が明確でない者
　③　礼儀・マナーを心得ていない者
　④　態度が横柄、尊大である者
　⑤　人の話をよく聞こうとしない者
　⑥　人間関係を大事にしない者
　⑦　物事に前向きに取り組もうとする姿勢に欠ける者
（5）採用決定者が予定数に達しなかったときの対応
　採用決定者数が予定者数に達しないこともある。この場合には、次のいずれかの措置を講ずることとする。どのような措置を講ずるかは、その都度決定する。
　①　直ちに追加募集を行う
　②　当面は追加募集を行わず、現有人員で対応する
　③　派遣社員で対応する
　④　その他
（6）採用決定の取消し
　中途採用については、「ぜひ採用されたい」「自分を高く売り込みたい」という強い思いから、学歴や職歴の詐称が少なくないといわれる。
　採用を決定した者について、その経歴に重大な虚偽のあったときは、採用

決定を取り消すものとする。

3 モデル規程

中途採用規程

(総則)
第1条　この規程は、中途採用について定める。
(人員の補充・増員)
第2条　各部門の長は、次の場合には、人員を補充し、または増員することができる。
（1）社員の退職により、欠員が生じたとき
（2）業務量が著しく増加したとき、または増加することが見込まれるとき
（3）新規業務を開始するとき
（4）その他合理的な理由があるとき
(補充・増員の手続き)
第3条　各部門の長は、前条の定めるところにより人員の補充または増員を必要とするときは、社長に次の事項を申し出てその承認を得なければならない。
（1）補充または増員を必要とする理由
（2）補充または増員の年月日
（3）採用職種
（4）職種ごとの採用人員
（5）採用者の要件（資格の有無、経験年数、その他）
（6）その他必要事項
(中途採用の指示)
第4条　社長は、人員の補充または増員が必要であると判断したときは、人事部長に対して次の事項を示して中途採用を行うよう指示する。
（1）採用職種
（2）職種ごとの採用人員
（3）採用者の要件（資格の有無、経験年数、その他）
（4）採用日
（5）その他必要事項
(中途採用の実施)
第5条　人事部長は、社長から中途採用の実施を指示されたときは、採用計

画を作成し、社長の承認を得たうえで中途採用を実施する。
（募集の方法）
第6条　募集は、次のいずれか1つまたは2つ以上の方法で行う。
　（1）転職サイト
　（2）採用ホームページ
　（3）ハローワークへの求人票の提出
　（4）就職情報誌による広告
　（5）新聞広告
　（6）その他
（採用情報の提供）
第7条　募集を円滑に行うため、求職者に対して次の情報を提供する。
　（1）会社の概要（所在地、業種、主要商品、規模、その他）
　（2）採用情報（採用予定人員、職種、応募資格、応募書類、選考方法、その他）
　（3）待遇・労働条件（給与、勤務時間、休日・休暇、その他）
2　採用情報の提供においては、正確さおよび分かりやすさに十分留意する。
（応募書類）
第8条　応募者に対し、次の書類の提出を求める。
　（1）履歴書
　（2）職務経歴書
2　必要と認めるときは、次の書類の提出を求める。
　（1）最終学歴の卒業証明書
　（2）資格または免許の取得を証明する書類の写し
　（3）その他
3　応募書類は、返却しないものとする。
（選考方法）
第9条　採用選考は、次のいずれか1つまたは2つ以上の方法による。
　（1）書類選考
　（2）適性検査
　（3）面接
　（4）健康診断
（採用基準）
第10条　採用の基準は、次のとおりとする。
　（1）採用予定職務の経験があること
　（2）職務の遂行に必要な知識、技術または技能を習得していること

（3）職務遂行について熱意・意欲のあること
　（4）責任感のあること
　（5）実行力・行動力のあること
　（6）誠実さのあること
　（7）協調性に富んでいること
　（8）心身ともに健康であること
2　次に該当する者は、採用しない。
　（1）転職・退職を繰り返している者
　（2）転職・退職の理由が明確でない者
　（3）礼儀・マナーを心得ていない者
　（4）態度が横柄、尊大である者
　（5）人の話をよく聞こうとしない者
　（6）人間関係を大事にしない者
　（7）物事に前向きに取り組もうとする姿勢に欠ける者
（採用者の決定）
第11条　採用選考の結果、採用することを決定した者については、社長の承認を得て採用する。
（選考結果の通知）
第12条　採用選考の結果、採用すること、または採用しないことを決定したときは、書面で通知する。
2　採用しないことを決定した者から不採用の理由を開示するよう請求があっても、これに応じないものとする。
（入社承諾書）
第13条　採用を決定した者については、入社承諾書の提出を求める。
2　採用通知後1週間以内に提出がないときは、採用決定を取り消すものとする。
（採用日）
第14条　採用日は、経営上の必要性によって決定する。
2　前項の規定にかかわらず、採用決定者から申出があり、その理由に正当性があるときは、本人が申し出た日とする。
（採用決定者数が予定数に達しなかったとき）
第15条　採用決定者数が予定数に達しなかったときは、次のいずれかの措置を講ずることとし、その都度決定する。
　（1）直ちに追加募集を行う
　（2）当面は追加募集を行わず、現有人員で対応する
　（3）派遣社員で対応する

(4) その他
(採用決定の取消し)
第16条　採用を決定した者について、その経歴に重大な虚偽のあったときは、採用決定を取り消すものとする。
(応募者の個人情報の取り扱い)
第17条　応募者の個人情報は、採用業務および採用後の人事管理に限って使用し、それ以外の目的では使用しない。
2　応募者の個人情報は、社外に漏洩または流出しないよう、厳重に管理する。
3　採用業務に当たる者以外の者は、応募者の個人情報が記載または記録されているものを閲覧してはならない。
(付則)
　この規程は、　年　月　日から施行する。

(様式1) 人員の補充・増員の申請書

〇〇年〇月〇日

取締役社長殿

〇〇部長

人員の補充・増員について（伺い）

1	補充・増員を必要とする理由	□社員の退職により欠員が生じたため □業務量が著しく増加したため □業務量の増加が見込まれるため □新規業務を開始するため □その他（　　　　　　）
2	補充・増員の年月日	
3	採用職種	
4	採用人員	
5	採用者の要件	
6	その他	

以上

（様式2）採用計画書

○○年○月○日

取締役社長殿

人事部長

中途採用者の採用計画について（伺い）

1	採用職種	
2	採用人員	
3	採用者の条件	
4	募集・採用期間	
5	募集方法	□転職サイト　□採用ホームページ □ハローワークへの求人票の提出 □就職情報誌　□新聞広告 □その他（　　　　　　　）
6	応募者提出書類	□履歴書　□職務経歴書 □その他（　　　　　　　）
7	選考方法	□書類選考　□適性検査　□面接 □健康診断
8	採用日	
9	募集・採用経費	
10	その他	① 採用を決定した者については、入社承諾書の提出を求める。採用通知後1週間以内に提出がないときは、採用決定を取り消すものとする。 ② 採用日について採用決定者から申出があり、その理由に正当性があるときは、採用内定者が申し出た日とする。

以上

新卒・中途採用規程とつくり方　165

(様式3）応募書類受理通知書

○○年○月○日

○○○○殿

○○株式会社
人事部長○○○○印

応募書類受理のお知らせ

謹啓　時下ますますご健勝のこととお慶び申し上げます。
　このたびは、当社の中途採用者募集にご応募いただき、まことにありがとうございます。応募書類は、確かに受理いたしました。
　書類選考の結果につきましては、あらためてご連絡申し上げます。

敬具

(様式4）面接通知書

○○年○月○日

○○○○殿

○○株式会社
人事部長○○○○印

面接のお知らせ

謹啓　時下ますますご健勝のこととお慶び申し上げます。
　書類選考の結果、下記のとおり、面接を行わせていただくこととしました。よろしくお願い申し上げます。

記

1　日時：○月○日（○曜日）午後○時
2　場所：当社応接室
3　ご都合が悪い場合は、下記にご連絡下さい。
　　（電話）○○-○○○○-○○○○（人事部　○○）

以上

(様式5）採用承認願

○○年○月○日

取締役社長殿

人事部長

中途採用者の採用について（伺い）

氏名	性別	生年月日	最終学歴	最終職歴	備考
1					
2					
3					

以上

(様式6）採用通知書

○○年○月○日

○○○○殿

○○株式会社
人事部長○○○○印

採用決定のお知らせ

謹啓　時下ますますご健勝のこととお慶び申し上げます。
　このたびは、当社の社員募集にご応募いただき、まことにありがとうございます。慎重に選考した結果、あなたを採用することといたしましたので、お知らせします。

敬具

記

1　入社日は、○○年○月○日とします。
2　同封の入社承諾書にご記名・ご捺印のうえ、○月○日までにご返送下さい。提出のないときは、入社する意思がないものと認め、内定を取り消します。

以上

(様式7)　入社承諾書

```
                                        ○○年○月○日
　○○株式会社
　取締役社長○○○○殿
                （住所）東京都○○区○○町○丁目○番○号
                                        ○○○○印
                    入社承諾書
　○○年○月○日付で貴社に入社することを承諾します。
                                              以上
```

(様式8)　不採用通知書

```
                                        ○○年○月○日
　○○○○殿
                                    ○○株式会社
                                    人事部長○○○○印
                    選考結果のお知らせ
謹啓　時下ますますご健勝のこととお慶び申し上げます。
　このたびは、当社の社員募集にご応募いただき、まことにありがとう
ございます。慎重に選考した結果、残念ながら今回はあなたのご希望に
応えられないこととなりましたでお知らせします。悪しからずご了承の
ほど、お願い申し上げます。
　今後のご健康とご活躍をお祈り申し上げます。
                                              敬具
```

第2節 中途採用選考規程

1 規程の趣旨

　中途採用では、能力と意欲に優れた人材を採用することが必要である。「能力は優れているが、意欲・熱意に欠けている人物」や「ヤル気は十分だが、能力に問題のある人物」は、採用してもあまり経営にプラスにならない。それどころか、トラブルを引き起こすことになる。

　能力と意欲に優れた人材を採用するための条件は、選考方法と採用基準とを明確にしておくことである。

2 規程の内容

（1）選考の方法

　中途採用者の採用選考は、次の方法により、次の順序で行うのがよい。

① 書類選考
② 面接（採用担当者による「一次面接」、人事部および中途採用者配属予定部門の役職者による「二次面接」）
③ 健康診断

（2）書類選考の選考基準

　書類選考においては、次の点をチェックする。

① 履歴（学歴・職歴）に問題はないか
② 業務経験があるか
③ 短期間に転職・退職を繰り返していないか
④ 転職・退職の理由は何か
⑤ 会社の志望理由は明確か
⑥ 書類は丁寧に書かれているか
⑦ 文章に誤字・脱字はないか

（3）一次面接の評価基準

　一次面接においては、主として次の点をチェックする。

① 態度（落ち着きがあるか）
② 礼儀（礼儀・マナーを心得ているか）

③ 誠実さ（信頼できる人柄か）
④ 熱意・意欲（仕事への熱意・意欲があるか）
⑤ 協調性（他人と仲良く仕事をやっていけるか）
⑥ 前の会社の退職理由
⑦ 知識・技術・技能（職務遂行に必要な知識、技術または技能を習得しているか）
⑧ 健康状態、健康への自信

（4）二次面接の評価基準

二次面接においては、主として次の点をチェックする。
① 知識・技術・技能（職務遂行に必要な知識、技術または技能を習得しているか）
② 実行力（自ら進んで行動する姿勢があるか）
③ 誠実さ（信頼できる人柄か）
④ 熱意・意欲（仕事への熱意・意欲があるか）
⑤ 責任感（自分の意見や行動に責任を持つ姿勢があるか）
⑥ 前の会社の退職理由
⑦ 会社の志望理由
⑧ 会社に貢献できる自信

3 モデル規程

中途採用選考規程

（総則）
第1条　この規程は、中途採用者の採用選考について定める。
（選考の方法）
第2条　中途採用者の採用選考は、次の方法により、次の順序で行う。
　（1）書類選考
　（2）面接
　（3）健康診断
（書類選考の方法）
第3条　書類選考は、応募者から提出された次の書類によって行う。
　（1）履歴書
　（2）職務経歴書

（3）その他（卒業証明書、資格取得証明書、その他）
（書類選考の選考基準）
第4条　書類選考においては、次の点をチェックする。
　（1）履歴（学歴・職歴）に問題はないか
　（2）業務経験があるか
　（3）短期間に転職・退職を繰り返していないか
　（4）転職・退職の理由は何か
　（5）会社の志望理由は明確か
　（6）書類は丁寧に書かれているか
　（7）文章に誤字・脱字はないか
2　書類選考をパスした者について、面接を行う。
（面接）
第5条　面接は、次の方法により、次の順序で行う。
　（1）採用担当者による一次面接
　（2）人事部および中途採用者配属予定部門の役職者による二次面接
（一次面接の評価基準）
第6条　一次面接においては、主として次の点をチェックする。
　（1）態度（落ち着きがあるか）
　（2）礼儀（礼儀・マナーを心得ているか）
　（3）誠実さ（信頼できる人柄か）
　（4）熱意・意欲（仕事への熱意・意欲があるか）
　（5）協調性（他人と仲良く仕事をやっていけるか）
　（6）前の会社の退職理由
　（7）知識・技術・技能（職務遂行に必要な知識、技術または技能を習得しているか）
　（8）健康状態、健康への自信
2　一次面接をパスした者について、二次面接を行う。
（二次面接の評価基準）
第7条　二次面接においては、主として次の点をチェックする。
　（1）知識・技術・技能（職務遂行に必要な知識、技術または技能を習得しているか）
　（2）実行力（自ら進んで行動する姿勢があるか）
　（3）誠実さ（信頼できる人柄か）
　（4）熱意・意欲（仕事への熱意・意欲があるか）
　（5）責任感（自分の意見や行動に責任を持つ姿勢があるか）

（6）前の会社の退職理由
　（7）会社の志望理由
　（8）会社に貢献できる自信
（健康診断）
第8条　二次面接にパスした応募者に対して医師による健康診断書の提出を求め、健康状況を確認する。
2　健康面において問題がなければ、社長の承認を得て採用を決定する。
（選考結果の通知）
第9条　採用選考の結果、採用すること、または採用しないことを決定したときは、書面で通知する。
2　採用しないことを決定した者から不採用の理由を開示するよう請求があっても、これに応じないものとする。
（入社承諾書）
第10条　採用を決定した者については、入社承諾書の提出を求める。
2　採用通知後1週間以内に提出がないときは、採用決定を取り消すものとする。
（付則）
　この規程は、　年　月　日から施行する。

（様式）選考管理シート

					人事部
選考管理シート					
氏　名	書類選考	一次面接	二次面接	健康診断	備　考
	□合格 □不合格	□合格 □不合格	□合格 □不合格	□合格 □不合格	
	□合格 □不合格	□合格 □不合格	□合格 □不合格	□合格 □不合格	
	□合格 □不合格	□合格 □不合格	□合格 □不合格	□合格 □不合格	
	□合格 □不合格	□合格 □不合格	□合格 □不合格	□合格 □不合格	
	□合格 □不合格	□合格 □不合格	□合格 □不合格	□合格 □不合格	
	□合格 □不合格	□合格 □不合格	□合格 □不合格	□合格 □不合格	
	□合格 □不合格	□合格 □不合格	□合格 □不合格	□合格 □不合格	

以上

第3節 中途採用面接規程

1 規程の趣旨

　中途採用においては、面接がきわめて重要な役割を果たす。
　面接は、公正かつ効率的に行われる必要がある。公正さに欠けると、結果的に「能力と意欲に問題のある人物」を採用することになる。また、効率性に欠けると、必要以上に手間や時間を要することになる。
　面接について、評価項目、面接者の心得、質問事項、面接時の留意事項、面接場所および標準面接時間などを明確にし、面接担当者にその内容を周知徹底しておくことが望ましい。

2 規程の内容

(1) 面接の評価項目
　面接の評価項目を定める。例えば、態度、礼儀、誠実さ、仕事への熱意・意欲、実行力・行動力、責任感、協調性、知識・技術または技能のレベル、健康状況などとする。

(2) 面接者の心得
　「履歴書および職務経歴書に眼を通しておくこと」「評価項目をよく理解しておくこと」など、面接者の心得を明記する。

(3) 質問事項
　面接を効率的かつ統一的に行うため、応募者に対する質問事項を定めておくのが望ましい。
　また、差別につながるおそれがあるため、質問してはならない事項を具体的に明らかにしておくのがよい。

(4) 面接の所要時間
　所要時間は、被面接者一人につきおよそ20～30分とするのが妥当であろう。

(5) 評価・報告
　面接担当者に対し、面接を終えたときは、直ちに応募者の採否評価を行い、その結果を採用責任者（人事部長）に報告することを求める。

３ モデル規程

中途採用面接規程

（総則）
第１条　この規程は、中途採用者の採用面接について定める。
（遵守義務）
第２条　中途採用者の採用面接に当たる者は、この規程を遵守して面接を行わなければならない。
（面接の評価項目）
第３条　面接の評価項目は、別表１のとおりとする。
（面接者の心得）
第４条　面接者は、次のことに十分留意しなければならない。
　（１）「応募者に会社を評価されている」という意識を持って、誠実に面接に臨むこと
　（２）あらかじめ履歴書および職務経歴書に眼を通しておくこと
　（３）評価項目をよく理解しておくこと
　（４）応募者の学歴、性別および容姿にとらわれず、公正に評価をすること
（標準質問事項）
第５条　応募者に対する質問事項は、別表２のとおりとする。
（質問禁止事項）
第６条　次に掲げることは、差別につながるおそれがあるため、質問してはならない。
　（１）本籍・出生地
　（２）家族に関すること（職業、続柄、健康、地位、学歴、収入、資産など）
　（３）住宅状況（間取り、部屋数、住宅の種類、近郊の施設など）
　（４）生活環境・家庭環境
　（５）宗教に関すること
　（６）支持政党
　（７）人生観、生活信条
　（８）尊敬する人物
　（９）思想に関すること
　（10）労働組合・学生運動など社会運動に関すること
　（11）購読新聞・雑誌・愛読書に関すること

（面接時の留意事項）
第7条　面接時には、次の事項に努めるものとする。
　（1）相手の顔を見て、明るくはっきりした声で話をすること
　（2）適当にうなずいたり、相づちを打つこと
　（3）自分が話しすぎないようにすること
　（4）自分の個人的意見や価値観は述べないようにすること

（面接時の禁止事項）
第8条　面接時には、次のことをしてはならない。
　（1）携帯電話を掛けたり、中座したりすること
　（2）応募者に乱暴な口を利いたり、横柄な態度を取ること

（面接の場所）
第9条　面接は、会議室で行う。

（面接の所要時間）
第10条　所要時間は、被面接者一人につきおよそ20～30分とする。

（評価・報告）
第11条　面接を終えたときは、直ちに応募者の採否評価を行い、その結果を人事部長に報告しなければならない。
2　採否評価は、次の4区分で行う。
　（1）採用すべきである
　（2）採用したほうがよい
　（3）採用しないほうがよい
　（4）採用すべきでない

（付則）
　この規程は、　年　月　日から施行する。

（別表1）面接の評価項目

		着　眼　点
1	態度	・落ち着きがあるか
2	礼儀	・挨拶がきちんとできるか ・礼儀正しいか
3	誠実さ	・人間的な誠実さが感じられるか ・人柄が信頼できるか ・態度や発言に真面目さ、素直さがあるか

4	熱意・意欲	・仕事に対する熱意・意欲があるか ・仕事において能力を発揮しようとする姿勢が感じられるか ・これまで仕事に積極的・意欲的に取り組んできたか
5	実行力・行動力	・自ら進んで行動する姿勢があるか ・新しいことに前向きに取り組む姿勢や意欲があるか ・現状に満足することなく、改善・変革しようとする意思があるか
6	責任感	・自分の意見や行動に責任を持つ姿勢があるか ・責任を果たそうとする強い姿勢が感じられるか ・失敗を他人の責任にする姿勢がないか
7	協調性	・他人と仲良くやっていけそうか ・他人の意見を尊重する姿勢があるか ・自分の意見に必要以上に強くこだわることはないか ・マイペースなところはないか
8	知識・技術・技能	・募集職務の遂行に必要な知識、技術または技能を習得しているか ・募集職務について一定の経験を有しているか ・前の会社で一定の実績を収めているか ・募集職務に関連した資格・免許を所有しているか
9	健康	・健康か ・健康に自信があるか ・ストレス耐性があるか

(別表2) 質問項目

1	日常生活に関すること	① 長所、短所 ② 趣味、スポーツ ③ よく見るテレビ番組、よく読む新聞の欄 ④ 休日の過ごし方 ⑤ 健康の自信、健康法 ⑥ 気分転換の方法 ⑦ その他
2	前の会社・退職に関すること	① 前の会社に入社した理由 ② 前の会社を退社した理由 ③ 退職に当たって悩んだこと ④ 退職についての慰留の程度 ⑤ 前の会社での仕事の実績 ⑥ 前の会社の良いところ・良くないところ ⑦ 前の会社での年収 ⑧ その他
3	会社・仕事に関すること	① 当社を志望する理由 ② 当社のイメージ、印象 ③ 当社に貢献できる自信の有無とその理由 ④ ○○（募集職種）という職務を進めていくうえで大切なこと ⑤ 休日出勤や残業についての考え ⑥ 会社が属する業界の将来性・成長性についての見方 ⑦ 自己啓発の方法 ⑧ 採用された場合、いつから入社できるか ⑨ その他

（様式）面接結果報告書

〇〇年〇月〇日

人事部長殿

（面接者）〇〇〇〇印

面接結果報告

氏　名	面接月日	採否評価	評価の理由
1		A・B・C・D	
2		A・B・C・D	
3		A・B・C・D	
4		A・B・C・D	
5		A・B・C・D	

以上

（評語）　A＝採用すべきである　　B＝採用したほうがよい
　　　　　C＝採用しないほうがよい　D＝採用すべきでない

第4節 中途採用経費規程

1 規程の趣旨

　中途採用に係る経費は、合理的・効率的に支出されなければならない。いくら中途採用者を採用することが経営上必要であるからといって、経費が増大するのは好ましいことではない。

　中途採用を実施するときは、あらかじめ必要経費を算定し、その総枠を超えることのないように努める。

2 規程の内容

（1）採用経費の算定基準

　採用経費は、次のものを踏まえて合理的に算定するものとする。
① 採用予定人員
② 前回の採用経費の実績
③ 業績
④ その他

（2）経費の費目

　採用経費の費目は、次のとおりとするのが現実的である。
① 転職サイト掲載料
② 採用ホームページ制作・管理費
③ 新聞広告掲載費
④ 諸雑費

（3）経費の支出

　人事部長に対し、採用経費を適切に支出することを求める。

3 モデル規程

中途採用経費規程

（総則）
第1条　この規程は、中途採用の採用経費について定める。
（経費の算定・承認）
第2条　人事部長は、中途採用を実施するときは、その都度、経費を算定して社長の承認を得なければならない。
（採用経費の算定基準）
第3条　採用経費は、次のものを踏まえて合理的に算定しなければならない。
　（1）採用予定人員
　（2）前回の採用経費の実績
　（3）業績
　（4）その他
（経費の費目）
第4条　採用経費の費目は、次のとおりとする。
　（1）転職サイト掲載料
　（2）採用ホームページ制作・管理費
　（3）新聞広告掲載費
　（4）諸雑費
（経費の支出）
第5条　人事部長は、採用経費について社長の承認を得たときは、これを適切に支出しなければならない。
2　採用経費を採用業務以外の目的で支出してはならない。
3　採用経費以外の経費を採用業務のために支出してはならない。
（経費の修正）
第6条　人事部長は、経費の修正が必要であると判断したときは、社長に次の事項を申し出て、その承認を得なければならない。
　（1）修正の内容
　（2）修正を必要とする理由
　（3）その他必要事項
（実績の報告）
第7条　人事部長は、採用業務が終了したときは、社長に対して経費の実績

を報告しなければならない。
２　当初予算と実績との間に差異が生じたときは、その原因を分析し、分析結果を報告しなければならない。
（付則）
　この規程は、　年　月　日から施行する。

（様式１）採用経費承認願

〇〇年〇月〇日

取締役社長殿

人事部長

中途採用者採用経費について（伺い）

	経　費	備　考
１　転職サイト掲載料		
２　採用ホームページ制作・管理費		
３　新聞広告掲載費		
４　諸雑費		
計		

以上

(様式2) 採用経費修正承認願

　　　　　　　　　　　　　　　　　　　　　　　〇〇年〇月〇日
　取締役社長殿
　　　　　　　　　　　　　　　　　　　　　　　　　　人事部長
　　　　　　　中途採用者採用経費の修正について（伺い）

1	修正の内容	
2	修正を必要とする理由	
3	その他	

　　　　　　　　　　　　　　　　　　　　　　　　　　　以上

(様式3) 採用経費報告書

　　　　　　　　　　　　　　　　　　　　　　　〇〇年〇月〇日
　取締役社長殿
　　　　　　　　　　　　　　　　　　　　　　　　　　人事部長
　　　　　　　中途採用者採用経費について（報告）

		実　績	予　算	予算との差異	備　考
1	転職サイト掲載料				
2	採用ホームページ制作・管理費				
3	新聞広告掲載費				
4	諸雑費				
	計				

　　　　　　　　　　　　　　　　　　　　　　　　　　　以上

第5章　中途採用者の採用

新卒・中途採用規程とつくり方　183

第6章 主要職種の中途採用

第1節 営業職中途採用規程

1 規程の趣旨

　会社にとって、営業業務はきわめて重要である。経営環境が厳しさを増せば増すほど、営業活動の重要性が高まる。
　営業社員の退職により欠員が生じたとき、または業務量が著しく増加したとき、あるいは増加することが見込まれるときなどは、できる限り迅速に、人員の補充または増員を行うことが必要である。

2 規程の内容

(1) 補充・増員の手続き
　はじめに、営業職の補充または増員の社内手続きを定める。一般的には、
① 営業部長は、営業職の補充または増員を必要とする事由が生じたときは、社長に対して、補充または増員の必要性と採用人員を申し出る
② 社長は、営業部長の申出の内容をチェックする
③ 社長は、営業職の補充または増員が必要であると判断したときは、人事部長に対して中途採用を行うよう指示する
④ 人事部長は、社長から中途採用の実施を指示されたときは、採用計画を作成して中途採用を実施する
という手続きをとるのが現実的・合理的であろう。

(2) 募集方法
　募集は、転職サイト、採用ホームページ、ハローワークへの求人票の提出および新聞広告などで行う。

(3) 選考方法
　採用選考の方法は、書類選考（履歴書・職務経歴書）、面接および健康診断とする。
　なお、採用選考は、人事部と営業部とが共同で行う。

(4) 採用基準
　能力と意欲に優れた営業職を採用するため、採用基準を明確にしておく。採用基準は、例えば、次のとおりとする。

① 営業経験のあること
② 職務遂行に熱意・意欲のあること
③ 責任感のあること
④ 実行力・行動力のあること
⑤ 向上心のあること
⑥ 誠実さ、忍耐力・ストレス耐性のあること
⑦ 心身ともに健康であること

3 モデル規程

営業職中途採用規程

（総則）
第1条　この規程は、営業職の中途採用について定める。
（所管）
第2条　中途採用業務は人事部の所管とし、その責任者は人事部長とする。
2　人事部長は、営業部長との連絡を密にして採用業務を行う。
（人員の補充・増員）
第3条　営業部長は、次の場合には、営業職を補充し、または増員することができる。
（1）営業職の退職により、欠員が生じたとき
（2）業務量が著しく増加したとき
（3）新商品の取扱開始、営業所の新設等により、業務量の増加が見込まれるとき
（4）その他合理的な理由があるとき
（補充・増員の手続き）
第4条　営業部長は、前条の定めるところにより営業職の補充または増員を必要とするときは、次の事項を社長に申し出なければならない。
（1）補充または増員を必要とする理由
（2）補充または増員の年月日
（3）採用人員
（4）採用者の要件（経験年数、その他）
（5）その他必要事項

（中途採用の指示）
第5条　社長は、営業職の補充または増員が必要であると判断したときは、人事部長に対して次の内容を示し、中途採用を行うよう指示する。
　（1）採用人員
　（2）採用者の要件（経験年数、その他）
　（3）採用日
　（4）その他必要事項

（中途採用の実施）
第6条　人事部長は、社長から営業社員の中途採用の実施を指示されたときは、採用計画を作成して社長の承認を得たうえで、中途採用を実施する。

（募集方法）
第7条　募集は、次の1つまたは2つ以上の方法で行う。
　（1）転職サイト
　（2）採用ホームページ
　（3）ハローワークへの求人票の提出
　（4）新聞広告
　（5）その他

（応募書類）
第8条　応募者に対し、次の書類の提出を求める。
　（1）履歴書
　（2）職務経歴書
2　応募書類は、返却しないものとする。

（選考方法）
第9条　採用選考は、次の方法による。
　（1）書類選考
　（2）面接
　（3）健康診断
2　採用選考は、人事部と営業部とが共同で行う。

（採用基準）
第10条　採用の基準は、次のとおりとする。
　（1）営業経験のあること
　（2）職務遂行に熱意・意欲のあること
　（3）責任感のあること
　（4）実行力・行動力のあること
　（5）向上心のあること

新卒・中途採用規程とつくり方

（6）誠実さのあること
　　（7）忍耐力・ストレス耐性のあること
　　（8）心身ともに健康であること
2　次に該当する者は、採用しない。
　　（1）転職・退職を繰り返している者
　　（2）転職・退職の理由が明確でない者
　　（3）礼儀・マナーを心得ていない者
　　（4）自立性・主体性に欠ける者
　　（5）物事に前向きに取り組もうとする姿勢に欠ける者
（採用者の決定）
第11条　採用選考の結果、採用することを決定した者については、社長の承認を得て採用する。
（選考結果の通知）
第12条　採用選考の結果、採用すること、または採用しないことを決定したときは、書面で通知する。
2　採用しないことを決定した者から不採用の理由を開示するよう請求があっても、これに応じないものとする。
（入社承諾書）
第13条　採用を決定した者については、入社承諾書の提出を求める。
2　採用通知後1週間以内に提出がないときは、採用決定を取り消すものとする。
（採用日）
第14条　採用日は、経営上の必要性によって決定する。
2　前項の規定にかかわらず、採用決定者から申出があり、その理由に正当性があるときは、採用決定者が申し出た日とする。
（採用決定の取消し）
第15条　採用を決定した者について、その経歴に重大な虚偽のあったときは、採用決定を取り消すものとする。
（付則）
　　この規程は、　年　月　日から施行する。

(様式1) 営業職の補充・増員承認願

〇〇年〇月〇日

取締役社長殿

営業部長

人員の補充・増員について（伺い）

1	補充・増員を必要とする理由	□営業職の退職により欠員が生じたため □業務量が著しく増加したため □新商品の取り扱いを開始するため □営業所の新設のため □その他（　　　　　　）
2	補充・増員の年月日	
3	採用人員	
4	採用者の要件	
5	その他	

以上

(様式2) 営業職の採用計画書

〇〇年〇月〇日

取締役社長殿

人事部長

営業職の採用計画について（伺い）

1	採用人員	
2	採用者の条件	
3	募集・採用期間	
4	募集方法	□転職サイト　□採用ホームページ □ハローワークへの求人票の提出 □就職情報誌　□新聞広告 □その他（　　　　　　）

5	応募者提出書類	□履歴書　□職務経歴書 □その他（　　　　　）
6	選考方法	□書類選考　□面接　□健康診断
7	採用日	
8	募集・採用経費	
9	その他	① 採用を決定した者については、入社承諾書の提出を求める。採用通知後1週間以内に提出がないときは、採用決定を取り消す。 ② 採用日について採用決定者から申出があり、その理由に正当性があるときは、採用内定者が申し出た日とする。

以上

（様式3）営業職の採用承認願

〇〇年〇月〇日

取締役社長殿

人事部長・営業部長

営業職の中途採用について（伺い）

氏　名	性　別	生年月日	最終学歴	最終職歴	備　考
1					
2					
3					

以上

第2節 エンジニア中途採用規程

1 規程の趣旨

　エンジニア（技術職・研究職）を雇用している会社が多い。とりわけ、製造業、建設業および情報通信業などでは、エンジニアが重要な役割を果たしている。
　エンジニアには、優れて専門的な知識と技術が要求される。それだけに、中途採用の中でもエンジニアの採用は難しい。
　エンジニアを雇用している会社は、その中途採用の基準や方法について、現実的・合理的なマニュアル（規程）を作成しておくことが求められる。

2 規程の内容

（1）採用対象者の要件
　採用対象者の要件を定める。例えば、次の要件を設ける。
　・大学または高等専門学校の理工系部門を卒業していること
　・業務経験を有すること

（2）職務内容・採用人員
　エンジニアの具体的な職務内容および採用人員は、経営上の必要により、その都度決定する。

（3）募集方法
　募集は、転職サイト、採用ホームページ、ハローワークへの求人票の提出、新聞広告および職業紹介業者への依頼などで行う。

（4）選考方法
　採用選考の方法は、書類選考および面接とする。

（5）採用基準
　採用の基準は、次のとおりとする。
　① 専門的な知識・技術を有すること
　② 職務遂行に熱意・意欲のあること
　③ 責任感のあること
　④ 向上心のあること

⑤　誠実さのあること
⑥　心身ともに健康であること

3　モデル規程

エンジニア中途採用規程

（総則）
第1条　この規程は、エンジニアの中途採用について定める。
（採用の要件）
第2条　会社は、次の場合にはエンジニアを中途採用する。
　（1）エンジニアの退職により、欠員が生じたとき
　（2）エンジニアの業務量が著しく増加したとき、または増加する見込みがあるとき
　（3）専門的な技術を必要とする業務を新規に行うことにしたとき
　（4）その他エンジニアを必要とするとき
（採用計画の作成）
第3条　人事部長は、あらかじめ採用計画を作成し、社長の承認を得るものとする。
（採用対象者の要件）
第4条　採用対象者は、次の要件を満たす者とする。
　（1）大学または高等専門学校の理工系部門を卒業していること
　（2）業務経験を有すること
（職務内容・採用人員）
第5条　エンジニアの具体的な職務内容および採用人員は、経営上の必要により、その都度決定する。
（募集の方法）
第6条　募集は、次の1つまたは2つ以上の方法で行う。
　（1）転職サイト
　（2）採用ホームページ
　（3）ハローワークへの求人票の提出
　（4）新聞広告
　（5）職業紹介業者への依頼
　（6）その他

（応募書類）
第7条　応募者に対し、次の書類の提出を求める。
　（1）履歴書
　（2）職務経歴書
　（3）その他必要書類
2　応募書類は、返却しないものとする。
（選考方法）
第8条　採用選考は、次の方法による。
　（1）書類選考
　（2）面接
　（3）健康診断
（採用基準）
第9条　採用の基準は、次のとおりとする。
　（1）専門的な知識・技術を有すること
　（2）職務遂行に熱意・意欲のあること
　（3）責任感のあること
　（4）向上心のあること
　（5）誠実さのあること
　（6）心身ともに健康であること
2　次のいずれかに該当する者は、採用しない。
　（1）短期間に転職・退職を繰り返している者
　（2）人間関係を大事にしない者
　（3）職務に対する自信に欠ける者
　（4）自分の意見や考えのない者
（採用者の決定）
第10条　採用選考の結果、採用することを決定した者については、社長の承認を得て採用する。
（選考結果の通知）
第11条　採用選考の結果、採用すること、または採用しないことを決定したときは、書面で通知する。
2　採用を決定した者については、入社承諾書の提出を求める。
3　採用通知後1週間以内に入社承諾書の提出がないときは、採用決定を取り消すものとする。
（採用決定の取消し）
第12条　採用を決定した者について、その経歴に重大な虚偽のあったときは、

採用決定を取り消すものとする。
(付則)
　この規程は、　年　月　日から施行する。

(様式１) エンジニアの採用計画書

　　　　　　　　　　　　　　　　　　　　　　　　○○年○月○日

取締役社長殿

　　　　　　　　　　　　　　　　　　　　　　　　　　　人事部長

　　　　　　　　エンジニアの採用計画について（伺い）

1	採用人員	
2	採用者の条件	
3	募集・採用期間	
4	募集方法	□転職サイト　□採用ホームページ □ハローワークへの求人票の提出　□新聞広告 □職業紹介業者への依頼　□その他（　　　）
5	応募者提出書類	□履歴書　□職務経歴書　□その他（　　　）
6	選考方法	□書類選考　□面接　□健康診断
7	採用日	
8	募集・採用経費	
9	その他	① 採用を決定した者については、入社承諾書の提出を求める。採用通知後1週間以内に提出がないときは、採用決定を取り消す。 ② 採用日について採用決定者から申出があり、その理由に正当性があるときは、採用内定者が申し出た日とする。

　　　　　　　　　　　　　　　　　　　　　　　　　　　　以上

（様式２）エンジニアの採用承認願

　　　　　　　　　　　　　　　　　　　　　　　　○○年○月○日
取締役社長殿
　　　　　　　　　　　　　　　　　　　　　　　　　　　人事部長
　　　　　　エンジニアの中途採用について（伺い）

氏　名	性　別	生年月日	最終学歴	最終職歴	備　考
1					
2					
3					

　　　　　　　　　　　　　　　　　　　　　　　　　　　　以上

第3節

グローバル人材中途採用規程

1 規程の趣旨

　近年、企業の海外進出の動きが加速している。その形態は、生産拠点の海外移転、商品の輸出、海外資本との業務提携・資本提携、海外企業の買収など、多種多様である。これに伴い、海外進出の実務に携わる人材（グローバル人材）の確保が企業の重要な課題となっている。
　実際、海外進出が成功するかどうかは、人材の質に大きく依存している。
　海外進出を進めている会社、これから海外進出に本格的に取り組もうとしている会社は、グローバル人材の採用について、一定のマニュアル（規程）を明確にしておくことが望ましい。

2 規程の内容

(1) 採用対象者の要件
　採用対象者の要件を具体的に定める。一般的には、次の条件を満たす者とするのが妥当であろう。
　① 海外事業所に勤務できること
　② 業務経験を有すること
　③ 外国語によるコミュニケーション能力を有すること（日本人の場合）
　④ 日本語によるコミュニケーション能力を有すること（外国人の場合）

(2) 募集方法
　募集は、転職サイト、採用ホームページ、新聞広告および職業紹介業者への依頼などによって行う。
　なお、人事部長は、転職サイト、新聞広告、職業紹介業者その他有料の求人媒体により募集するときは、それに要する費用について、あらかじめ社長の許可を得るものとする。

(3) 選考方法
　採用選考の方法は、書類選考（履歴書・職務経歴書）、面接および健康診断とする。

(4) 採用基準

海外業務を担当するという観点から、採用の基準を定める。例えば、次のとおりとする。

① 職務遂行に熱意・意欲のあること
② コミュニケーション能力（表現力・理解力）に優れていること
③ チャレンジ精神に富んでいること
④ 思考および行動様式において柔軟性のあること
⑤ 責任感が強いこと
⑥ 忍耐力・ストレス耐性のあること
⑦ 心身ともに健康であること

3 モデル規程

グローバル人材中途採用規程

（総則）
第1条　この規程は、事業の海外展開を担当する人材（グローバル人材）の中途採用について定める。
（所管）
第2条　グローバル人材の中途採用業務は人事部の所管とし、その責任者は人事部長とする。
2　人事部長は、海外事業部長との連絡を密にして採用業務を行うものとする。
（採用計画の作成）
第3条　人事部長は、あらかじめ採用計画を作成し、社長の承認を得るものとする。
（採用人員）
第4条　採用人員は、次の事項を総合的に勘案してその都度決定する。
　（1）海外事業展開の計画
　（2）在籍社員のうち、グローバル人材として選抜・活用できる者の人数
　（3）新卒者の採用動向
　（4）グローバル人材の退職動向
　（5）その他必要事項

（採用対象者の要件）
第5条　採用の対象者は、次の条件を満たす者とする。
　（1）海外事業所に勤務できること
　（2）業務経験を有すること
　（3）外国語によるコミュニケーション能力を有すること（日本人の場合）
　（4）日本語によるコミュニケーション能力を有すること（外国人の場合）
2　国籍は問わないものとする。
（募集方法）
第6条　募集は、次の1つまたは2つ以上の方法で行う。
　（1）転職サイト
　（2）採用ホームページ
　（3）新聞広告
　（4）職業紹介業者への依頼
　（5）その他
2　人事部長は、転職サイト、新聞広告、職業紹介業者その他有料の求人媒体により募集するときは、それに要する費用について、あらかじめ社長の許可を得なければならない。
（応募書類）
第7条　応募者に対し、次の書類の提出を求める。
　（1）履歴書
　（2）職務経歴書
　（3）その他
2　応募書類は、返却しないものとする。
（選考方法）
第8条　採用選考は、次の方法による。
　（1）書類選考
　（2）面接
　（3）健康診断
2　採用選考は、人事部と海外事業部とが共同で行う。
（採用基準）
第9条　採用の基準は、次のとおりとする。
　（1）職務遂行に熱意・意欲のあること
　（2）コミュニケーション能力（表現力・理解力）に優れていること
　（3）チャレンジ精神に富んでいること
　（4）思考および行動様式において柔軟性のあること

（5）責任感が強いこと
　（6）忍耐力・ストレス耐性のあること
　（7）心身ともに健康であること
2　次のいずれかに該当する者は、採用しない。
　（1）前の会社の退職理由が明確でない者
　（2）自分の意見や考えのない者
　（3）口は達者だが、行動を伴わない者
　（4）人間関係を大事にしない者
　（5）自己中心的な考えの強い者
（採用日）
第10条　採用日は、経営上の必要性によって決定する。
2　前項の規定にかかわらず、採用決定者から申出があり、その理由に正当性があるときは、採用内定者が申し出た日とする。
（採用決定時の確認事項）
第11条　採用の決定に当たり、本人に対して次の事項を再確認する。
　（1）採用後直ちに、または近い将来において、海外事業所に勤務すること
　（2）海外勤務の最初の1年間は単身赴任であること
　（3）給与は給与規程に定める金額であること
　（4）採用後3ヶ月間は試用期間とすること
（採用者の決定）
第12条　採用選考の結果、採用することを決定した者については、社長の承認を得て採用する。
（選考結果の通知）
第13条　採用選考の結果、採用すること、または採用しないことを決定したときは、書面で通知する。
2　採用を決定した者については、入社承諾書の提出を求める。
3　採用通知後1週間以内に入社承諾書の提出がないときは、採用決定を取り消すものとする。
（採用決定の取消し）
第14条　採用を決定した者について、その経歴に重大な虚偽のあったときは、採用決定を取り消すものとする。
（付則）
　この規程は、　年　月　日から施行する。

（様式1）グローバル人材の採用計画書

〇〇年〇月〇日

取締役社長殿

人事部長

グローバル人材の採用計画について（伺い）

1	採用人員	
2	採用者の条件	① 海外事業所に勤務できること ② 業務経験を有すること ③ 外国語によるコミュニケーション能力を有すること（日本人の場合） ④ 日本語によるコミュニケーション能力を有すること（外国人の場合）
3	募集・採用期間	
4	募集方法	□転職サイト　□採用ホームページ □新聞広告　□職業紹介業者への依頼 □その他（　　　　　　）
5	応募者提出書類	□履歴書　□職務経歴書 □その他（　　　　　　）
6	選考方法	□書類選考　□面接　□健康診断
7	採用日	
8	募集・採用経費	
9	その他	採用の決定に当たり、本人に対して次の事項を再確認する。 ① 採用後直ちに、または近い将来において、海外事業所に勤務すること ② 海外勤務の最初の1年間は単身赴任であること ③ 給与は給与規程に定める金額であること ④ 採用後3ヶ月間は試用期間とすること

以上

(様式２）グローバル人材の採用承認願

○○年○月○日

取締役社長殿

人事部長

グローバル人材の中途採用について（伺い）

氏　名	性　別	生年月日	最終学歴	最終職歴	備　考
1					
2					
3					

以上

第4節 紹介予定派遣社員採用規程

1 規程の趣旨

「紹介予定派遣」は、派遣会社から派遣されてくる社員（派遣社員）を派遣期間満了後に社員として直接雇用するという制度である。会社にとって、「募集の手間を掛けることなく社員を採用できる」「一定レベル以上の人材を確保できる」「人材を必要とするときに随時実施できる」などのメリットが期待できる。

この制度を活用して中途採用を行う場合は、あらかじめその取扱基準を定めておくことが望ましい。

2 規程の内容

(1) 派遣業務・派遣人員
派遣社員に担当させる業務の内容および派遣業務ごとの派遣人員は、経営上の必要に応じてその都度決定するものとする。

(2) 派遣期間
紹介予定派遣の場合、派遣期間は、労働者派遣法により「6ヶ月以内」とされている。

(3) 派遣社員の望ましい人物像
派遣社員の望ましい人物像を定める。例えば、次のとおりとする。
① 業務遂行に必要な知識、技術または技能を有すること
② 一定年数の業務経験を有すること
③ 仕事に対する熱意、意欲があること
④ 協調性に富んでいること
⑤ 心身ともに健康であること

なお、性別および年齢については、条件は付けないものとする。

(4) 派遣社員の特定
通常の人材派遣の場合は、派遣社員を事前に特定する行為は禁止されている。しかし、紹介予定派遣の場合は、「直接雇用」が前提とされているため、事前の特定が認められている。このため、必要であると認めるときは、派遣

に先立って、履歴書や面接などにより派遣社員を特定する。

3 モデル規程

紹介予定派遣社員採用規程

（総則）
第1条　この規程は、紹介予定派遣社員の採用について定める。
（紹介予定派遣社員の派遣申し入れ）
第2条　会社は、次の場合には、派遣会社に対して紹介予定派遣社員の派遣を申し入れる。
　（1）退職により、正社員に欠員が生じたとき
　（2）業務量が著しく増加したとき、または増加することが見込まれるとき
　（3）新規業務を開始するとき
　（4）その他正社員を採用する必要があるとき
2　派遣の申し入れに当たっては、派遣会社に次の事項を伝える。
　（1）派遣業務の内容
　（2）派遣業務ごとの派遣人員
　（3）就業場所
　（4）派遣期間
　（5）派遣社員の望ましい人物像
　（6）その他必要事項
3　紹介予定派遣の申入れは、社長の承認を得て行う。
（派遣業務・派遣人員）
第3条　次の事項は、経営上の必要に応じてその都度決定する。
　（1）派遣業務の内容
　（2）派遣業務ごとの派遣人員
（派遣期間）
第4条　派遣期間は6ヶ月以内とし、その都度決定する。
（派遣社員の望ましい人物像）
第5条　派遣社員の望ましい人物像は、次のとおりとする。
　（1）業務遂行に必要な知識、技術または技能を有すること
　（2）一定年数の業務経験を有すること

（3）仕事に対する熱意、意欲があること
　　（4）協調性に富んでいること
　　（5）心身ともに健康であること
２　性別および年齢については、条件は付けないものとする。
（派遣契約の締結）
第6条　会社は、紹介予定派遣社員の受け入れに当たり、派遣会社との間で、次に掲げる事項について契約する。
　　（1）派遣業務の内容
　　（2）派遣業務ごとの派遣人員
　　（3）就業場所
　　（4）派遣期間
　　（5）派遣料およびその支払条件
　　（6）紹介予定派遣社員を採用する場合の紹介料およびその支払条件
　　（7）その他労働者派遣法で定められている事項
（派遣社員の特定）
第7条　会社は、必要であると認めるときは、派遣に先立って、派遣社員を特定する。
２　派遣社員の特定は、次の方法による。
　　（1）派遣社員の履歴書の送付請求
　　（2）派遣社員との面接
（配属先）
第8条　紹介予定派遣社員の配属先は、その都度決定する。
（採用基準）
第9条　会社は、派遣期間終了後、派遣社員一人ひとりについて次の事項を評価し、採用の可否を決定する。
　　（1）業務遂行に必要な知識、技術または技能を有するか
　　（2）仕事に対する熱意、意欲があるか
　　（3）協調性に富んでいるか
　　（4）心身ともに健康であるか
　　（5）定着が期待できるか
２　評価は、紹介予定派遣社員が配属された部門の役職者2人以上によって行う。
（採用の可否の決定）
第10条　社員として採用するかどうかの最終決定は、前条に定める評価をもとにして社長の承認を得て行う。

（本人の同意）
第11条　社員として採用することを決定したときは、本人の同意を得る。
2　同意を得るに当たっては、採用後の処遇を正確に伝える。
（派遣会社への通知）
第12条　社員として採用することを決定したときは、派遣会社に対して次の事項を通知する。
　（1）採用することにした派遣社員の氏名
　（2）採用について本人が同意した旨
　（3）採用日
2　採用しないことを決定したときは、派遣会社に対して次の事項を通知する。
　（1）採用しないことにした派遣社員の氏名
　（2）採用しないことにした理由
（採用後の処遇）
第13条　採用後の処遇は、社員就業規則の定めるところによる。
2　前項の規定にかかわらず、試用期間は設けない。
（付則）
　この規程は、　年　月　日から施行する。

(様式1) 紹介予定派遣社員の派遣申入れの承認願

〇〇年〇月〇日

取締役社長殿

人事部長

紹介予定派遣社員の派遣申入れについて（伺い）

1	補充・増員の必要性	□退職により正社員に欠員が生じたため □業務量が著しく増加したため □業務量の増加が見込まれるため □新規業務を開始するため □その他（　　　　）
2	派遣会社名	
3	派遣業務の内容	
4	派遣人員	
5	派遣期間	
6	望ましい人物像	① 業務遂行に必要な知識、技術または技能を有すること ② 一定年数の業務経験を有すること ③ 仕事に対する熱意、意欲があること ④ 協調性に富んでいること ⑤ 心身ともに健康であること
7	派遣料（見込み）	
8	紹介料（見込み）	
9	その他	派遣に先立って、次の方法で派遣社員を特定する。 ① 派遣社員の履歴書の送付請求 ② 派遣社員との面接

以上

（様式2）採用同意書

```
                                    ○○年○月○日
　○○株式会社
　取締役社長○○○○殿
                              （氏名）○○○○印
                採用同意書
　○○年○月○日付で貴社に採用されることに同意します。
                                            以上
```

（様式3）派遣社員の採用承認願

```
                                    ○○年○月○日
　取締役社長殿
                                          人事部長
            紹介予定派遣社員の採用について（伺い）
```

氏名	性別	生年月日	最終学歴	採用理由	備考
1					
2					
3					

以上

第7章 非正社員の採用

第1節

パートタイマー採用規程

1 規程の趣旨

　パートタイマーの雇用は、会社にとって、「定型的・補助的な業務を担当させることができる」「景気変動や仕事の量に応じて雇用量を容易に調整できる」「季節的な繁忙に柔軟に対応できる」「人件費を節減できる」などのメリットがある。このため、常時パートタイマーを雇用している会社が多い。
　パートタイマーを常時雇用している会社は、その採用について合理的・現実的な基準を定めることが望ましい。

2 規程の内容

(1) 募集の方法
　募集は、チラシ広告、就職情報誌およびハローワーク・パートバンクへの求人票提出などで行うのが現実的である。

(2) 選考方法
　選考は、書類選考（履歴書）および面接で行う。

(3) 採用基準
　能力と意欲に優れたパートタイマーを採用するためには、採用基準を明確にすることが必要である。採用基準は、例えば、次のとおりとする。
　① 仕事について熱意・意欲のあること
　② 誠実であること
　③ 協調性のあること
　④ 会社が希望する曜日および時間帯に勤務できること
　⑤ 一定期間継続して勤務できること
　⑥ 心身ともに健康であること

(4) 雇用期間
　雇用期間は1年以内とし、必要に応じて雇用契約を更新することにするのが現実的であろう。

3 モデル規程

パートタイマー採用規程

（総則）
第1条　この規程は、パートタイマーの採用について定める。
（パートタイマーの採用）
第2条　会社は、業務上の必要に基づき、随時パートタイマーを採用する。
2　採用人員は、次の事項を総合的に勘案し、その都度決定する。
　（1）パートタイマーの退職の状況
　（2）パートタイマーに担当させることのできる業務の量
　（3）業績
　（4）その他
（募集方法）
第3条　募集は、次のうち1つまたは2つ以上で行う。
　（1）チラシ広告
　（2）就職情報誌の求人広告
　（3）ハローワーク、パートバンクへの求人票の提出
　（4）その他
（応募書類）
第4条　応募者に対し、次の書類の提出を求める。
　（1）履歴書
　（2）その他必要書類
2　提出書類は、返却しないものとする。
（選考方法）
第5条　採用選考は、次の方法による。
　（1）書類選考
　（2）面接
（採用基準）
第6条　採用の基準は、次のとおりとする。
　（1）仕事について熱意・意欲のあること
　（2）誠実であること
　（3）協調性のあること
　（4）会社が希望する曜日および時間帯に勤務できること

（5）一定期間継続して勤務できること
　（6）心身ともに健康であること
2　次に該当する者は、採用しない。
　（1）家庭の事情により、確実な勤務が見込めない者（欠勤、遅刻および早退の多いことが見込まれる者）
　（2）働く目的が明確でない者
　（3）通勤に相当の時間を要する者
（雇用期間）
第7条　雇用期間は1年以内とし、個人別に定める。必要に応じて雇用契約を更新する。
（選考結果の通知）
第8条　選考の結果、採用すること、または採用しないことを決定したときは、書面で通知する。
（採用日）
第9条　採用日は、業務上の必要に基づきその都度決定する。
（誓約書の提出）
第10条　採用を決定した者に対して、次の事項を誓約する書面の提出を求める。
　（1）会社の規則を誠実に遵守して職務に専念すること
　（2）会社の指示命令に従うこと
　（3）故意または重大な過失によって会社に損害を与えたときは、その損害を賠償すること
（付則）
　この規程は、　年　月　日から施行する。

(様式1) 採用選考管理シート（パートタイマー）

人事部

採用選考管理シート

氏　名	書類選考	面　接	備　考
	□合格　□不合格	□合格　□不合格	
	□合格　□不合格	□合格　□不合格	
	□合格　□不合格	□合格　□不合格	
	□合格　□不合格	□合格　□不合格	
	□合格　□不合格	□合格　□不合格	
	□合格　□不合格	□合格　□不合格	
	□合格　□不合格	□合格　□不合格	

以上

(様式2)　採用通知書（パートタイマー）

○○年○月○日

○○○○様

○○株式会社
人事部長○○○○印

採用決定のお知らせ

謹啓　時下ますますご健勝のこととお慶び申し上げます。
　このたびは、当社のパートタイマー募集にご応募いただき、まことにありがとうございます。慎重に選考した結果、あなたを採用することといたしました。
　入社日は、○○年○月○日とします。
　以上、取り急ぎお知らせ申し上げます。

敬具

(様式3)　不採用通知書(パートタイマー)

> ○○年○月○日
>
> ○○○○様
>
> ○○株式会社
> 人事部長○○○○印
>
> 　　　　　　　　　選考結果のお知らせ
> 　謹啓　時下ますますご健勝のこととお慶び申し上げます。
> 　このたびは、当社のパートタイマー募集にご応募いただき、まことにありがとうございます。慎重に選考した結果、残念ながら今回はあなたのご希望に応えられないこととなりましたのでお知らせします。悪しからずご了承のほど、お願い申し上げます。
> 　今後のご健康とご活躍をお祈り申し上げます。
> 　　　　　　　　　　　　　　　　　　　　　　　　　　　　敬具

(様式4)　誓約書(パートタイマー)

> ○○年○月○日
>
> 取締役社長○○○○殿
>
> (氏名)　○○○○印
>
> 　　　　　　　　　　　誓約書
> 　貴社に入社するに当たり、次のとおり誓約いたします。
> 　1　会社の規則を誠実に遵守して職務に専念すること
> 　2　会社の指示命令に従うこと
> 　3　故意または重大な過失によって会社に損害を与えたときは、責任を持ってその損害を賠償すること
> 　　　　　　　　　　　　　　　　　　　　　　　　　　　　以上

第2節 契約社員採用規程

1 規程の趣旨

　専門的な知識・技術または特定の技能を持つ者を一定の期間を限って雇用する制度を一般に「契約社員制度」という。
　契約社員の雇用は、会社にとって、「専門的な知識・技術を必要とする業務に対応できる」「即戦力となる人材を一次的・臨時的に確保できる」「人件費を節減できる」などのメリットが期待できる。
　契約社員を雇用することの多い会社は、合理的・現実的な採用基準を定めておくことが望ましい。

2 規程の内容

(1) 募集方法
　募集は、転職サイト、就職情報誌、新聞の求人広告およびハローワークへの求人票の提出などによって行う。
　なお、募集においては、「雇用期間が定められていること」を明示する。

(2) 選考方法
　選考は、書類選考（履歴書・職務経歴書）および面接によって行う。

(3) 採用基準
　採用基準を定める。例えば、次のとおりとする。
　① 職務遂行に必要な知識、技術または技能を有すること
　② 仕事について熱意・意欲のあること
　③ 誠実であること
　④ 協調性のあること
　⑤ 心身ともに健康であること

(4) 雇用期間
　雇用期間は1年以内とし、必要に応じて雇用契約を更新する。
　なお、労働契約法は、契約期間について、「使用者は、必要以上に短い期間を定めることにより、その労働契約を反復して更新することのないよう配慮しなければならない」旨定めている（第17条第2項）

③ モデル規程

契約社員採用規程

(総則)
第1条　この規程は、契約社員の採用について定める。
(契約社員の採用)
第2条　会社は、業務上の必要に基づき、随時契約社員を採用する。
2　採用職種および採用人員は、次の事項を勘案し、その都度決定する。
　(1) 業務の量
　(2) 契約社員の退職者の状況
　(3) その他
(募集方法)
第3条　募集は、次のうち1つまたは2つ以上で行う。
　(1) 転職サイト
　(2) 就職情報誌の求人広告
　(3) 新聞の求人広告
　(4) ハローワークへの求人票の提出
　(5) その他
2　募集においては、雇用期間が定められている契約社員であることを明示する。
(応募書類)
第4条　応募者に対し、次の書類の提出を求める。
　(1) 履歴書
　(2) 職務経歴書
　(3) その他必要書類
2　提出書類は、返却しないものとする。
(選考方法)
第5条　採用選考は、次の方法による。
　(1) 書類選考
　(2) 面接
(採用基準)
第6条　採用の基準は、次のとおりとする。
　(1) 職務遂行に必要な知識、技術または技能を有すること

（2）仕事について熱意・意欲のあること
　　（3）誠実であること
　　（4）協調性のあること
　　（5）心身ともに健康であること
2　次に該当する者は、採用しない。
　　（1）礼儀、マナーを心得ていない者
　　（2）人の話をよく聞こうとしない者
　　（3）人間関係を大事にしない者
　　（4）自分の発言や行動に対する責任意識に欠ける者
（雇用期間）
第7条　雇用期間は1年以内とし、個人別に定める。必要に応じて雇用契約を更新する。
（選考結果の通知）
第8条　選考の結果、採用すること、または採用しないことを決定したときは、書面で通知する。
（採用日）
第9条　採用日は、業務上の必要に基づきその都度決定する。
（誓約書の提出）
第10条　採用を決定した者に対して、次の事項を誓約する書面の提出を求める。
　　（1）雇用契約で定められた期間を通じて確実に勤務すること
　　（2）会社の規則を誠実に遵守して職務に専念すること
　　（3）会社の指示命令に従うこと
　　（4）指示された仕事に責任を持つこと
　　（5）故意または重大な過失によって会社に損害を与えたときは、その損害を賠償すること
（付則）
　　この規程は、　年　月　日から施行する。

(様式1)　採用通知書（契約社員）

　　　　　　　　　　　　　　　　　　　　　　　　○○年○月○日
　○○○○様
　　　　　　　　　　　　　　　　　　　　　　　　○○株式会社
　　　　　　　　　　　　　　　　　　　　　　人事部長○○○○印
　　　　　　　　　　　採用決定のお知らせ
　謹啓　時下ますますご健勝のこととお慶び申し上げます。
　　このたびは、当社の契約社員募集にご応募いただき、まことにありがとうございます。慎重に選考した結果、あなたを採用することといたしました。
　　入社日は、○○年○月○日とします。
　　以上、取り急ぎお知らせ申し上げます。
　　　　　　　　　　　　　　　　　　　　　　　　　　　　敬具

(様式2)　不採用通知書（契約社員）

　　　　　　　　　　　　　　　　　　　　　　　　○○年○月○日
　○○○○様
　　　　　　　　　　　　　　　　　　　　　　　　○○株式会社
　　　　　　　　　　　　　　　　　　　　　　人事部長○○○○印
　　　　　　　　　　　選考結果のお知らせ
　謹啓　時下ますますご健勝のこととお慶び申し上げます。
　　このたびは、当社の契約社員募集にご応募いただき、まことにありがとうございます。慎重に選考した結果、残念ながら今回はあなたのご希望に応えられないこととなりましたのでお知らせします。悪しからずご了承のほど、お願い申し上げます。
　　今後のご健康とご活躍をお祈り申し上げます。
　　　　　　　　　　　　　　　　　　　　　　　　　　　　敬具

(様式3）誓約書（契約社員）

〇〇年〇月〇日

取締役社長〇〇〇〇殿

（氏名）〇〇〇〇印

誓約書

貴社に入社するに当たり、次のとおり誓約いたします。
1 雇用契約で定められた期間を通じて確実に勤務すること
2 会社の規則を誠実に遵守して職務に専念すること
3 会社の指示命令に従うこと
4 指示された仕事に責任を持つこと
5 故意または重大な過失によって会社に損害を与えたときは、責任を持ってその損害を賠償すること

以上

第3節 業務委託社員採用規程

1 規程の趣旨

　会社の業務の一部を外部の個人に委託し、その成果に応じて報酬を支払う制度を「業務委託社員制度」という。

　委託した業務を「いつ、どこで、どのようにして遂行するか」は、基本的に、委託した個人の裁量に委ね、会社としては特に指示しない。

　業務委託は、会社にとって、「定型的・補助的な業務を処理できる」「社員を雇用するよりも経費を節減できる」などのメリットが期待できる。

2 規程の内容

（1）委託業務の内容

　委託する業務の内容は、次の事項を総合的に勘案して決定するのが適切である。
① 外部に委託することにより、経費の削減が図られること
② 会社の基幹的・中核的な業務でないこと
③ 高度の専門的な知識または技術を必要としない業務であること

（2）採用対象者

　業務委託社員の採用対象者は、一定年齢以下で、かつ、心身ともに健康である者とする。

（3）採用基準

　採用の基準を定める。例えば、次のとおりとする。
① 仕事について熱意・意欲のあること
② 誠実であること
③ 責任感の強いこと

（4）確認事項

　業務委託社員は、一般の社員とは相当に異なる。このため、採用後にトラブルの生じることがないよう、採用の決定に当たり、
・身分は、業務委託社員であること。会社との関係は、業務委託関係であること

・業務委託契約は、自動的に更新されるものではないこと
　　・報酬は、会社の定める基準によるものであること
　　・働く日および時間帯は、本人が決めるものであること
　　・業務の結果を正確に報告すること
などを確認するのがよい。

3 モデル規程

業務委託社員採用規程

（総則）
第1条　この規程は、業務委託社員の採用について定める。
（業務の委託）
第2条　会社は、経営上必要であると認めるときは、業務の一部を外部に委託することとし、業務委託社員を採用する。
2　委託する業務の内容は、次の事項を総合的に勘案して決定する。
　（1）外部に委託することにより、経費の削減が図られること
　（2）会社の基幹的・中核的な業務でないこと
　（3）高度の専門的な知識または技術を必要としない業務であること
（採用対象者）
第3条　業務委託社員の採用対象者は、次の条件を満たす者とする。
　（1）65歳以下
　（2）心身ともに健康であること
（採用人員）
第4条　採用人員は、業務の量その他を総合的に勘案し、その都度決定する。
（募集の方法）
第5条　募集は、次のうち1つまたは2つ以上で行う。
　（1）就職情報誌の求人広告
　（2）新聞の求人広告
　（3）チラシ広告
　（4）その他
（応募書類）
第6条　応募者に対し、次の書類の提出を求める。
　（1）履歴書

（2）職務経歴書
（3）その他必要書類
2　提出書類は、返却しないものとする。
（選考方法）
第7条　採用選考は、次の方法による。
　（1）書類選考
　（2）面接
（採用基準）
第8条　採用の基準は、次のとおりとする。
　（1）仕事について熱意・意欲のあること
　（2）誠実であること
　（3）責任感の強いこと
2　次に該当する者は、採用しない。
　（1）礼儀、マナーを心得ていない者
　（2）人の話をよく聞こうとしない者
（業務委託期間）
第9条　業務委託期間は1年以内とし、個人別に定める。必要に応じて委託契約を更新する。
（選考結果の通知）
第10条　選考の結果、採用すること、または採用しないことを決定したときは、書面で通知する。
（採用日）
第11条　採用日は、業務上の必要に基づきその都度決定する。
（確認事項）
第12条　採用の決定に当たり、次の事項を確認する。
　（1）身分は、業務委託社員であること。会社との関係は、業務委託関係であること
　（2）業務委託契約は、自動的に更新されるものではないこと
　（3）報酬は、会社の定める基準によるものであること
　（4）働く日および時間帯は、本人が決めるものであること
　（5）業務の結果を正確に報告すること
　（6）判断に迷ったときは、独断専行することなく、会社の指示を求めること
　（7）安全に十分注意して業務を遂行すること

(付則)
　この規程は、　年　月　日から施行する。

(様式1)　採用通知書（業務委託社員）

> 　　　　　　　　　　　　　　　　　　　　　　　　〇〇年〇月〇日
> 〇〇〇〇様
> 　　　　　　　　　　　　　　　　　　　　　　　　〇〇株式会社
> 　　　　　　　　　　　　　　　　　　　　　　人事部長〇〇〇〇印
> 　　　　　　　　　　採用決定のお知らせ
> 謹啓　時下ますますご健勝のこととお慶び申し上げます。
> 　このたびは、当社の業務委託社員募集にご応募いただき、まことにありがとうございます。慎重に選考した結果、あなたを採用することといたしました。
> 　採用日は、〇〇年〇月〇日とします。
> 　以上、取り急ぎお知らせ申し上げます。
> 　　　　　　　　　　　　　　　　　　　　　　　　　　　　　敬具

(様式2)　不採用通知書（業務委託社員）

> 　　　　　　　　　　　　　　　　　　　　　　　　〇〇年〇月〇日
> 〇〇〇〇様
> 　　　　　　　　　　　　　　　　　　　　　　　　〇〇株式会社
> 　　　　　　　　　　　　　　　　　　　　　　人事部長〇〇〇〇印
> 　　　　　　　　　　選考結果のお知らせ
> 謹啓　時下ますますご健勝のこととお慶び申し上げます。
> 　このたびは、当社の業務委託社員募集にご応募いただき、まことにありがとうございます。慎重に選考した結果、残念ながら今回はあなたのご希望に応えられないこととなりましたのでお知らせします。悪しからずご了承のほど、お願い申し上げます。
> 　今後のご健康とご活躍をお祈り申し上げます。
> 　　　　　　　　　　　　　　　　　　　　　　　　　　　　　敬具

(様式3）確認書（業務委託社員）

〇〇年〇月〇日

取締役社長〇〇〇〇殿

（氏名）〇〇〇〇印

確認書

貴社に採用されるに当たり、次のとおり確認いたします。
1　身分は業務委託社員であること。会社との関係は業務委託関係であること
2　業務委託契約は、自動的に更新されるものではないこと
3　報酬は、会社の定める基準によるものであること
4　働く日および時間帯は、自分で決めること
5　業務の結果を正確に報告すること
6　判断に迷ったときは、独断専行することなく、会社の指示を求めること
7　安全に十分注意して業務を遂行すること

以上

【著者紹介】

荻原　勝（おぎはら　まさる）
東京大学経済学部卒業。人材開発研究会代表。経営コンサルタント

〔著書〕
『失敗しない！新卒採用実務マニュアル』、『節電対策規程とつくり方』、『内部統制規程とつくり方』、『経営管理規程とつくり方』、『経営危機対策人事規程マニュアル』、『ビジネストラブル対策規程マニュアル』、『社内諸規程のつくり方』、『役員・執行役員の報酬・賞与・退職金』、『企業倫理規程・行動憲章とつくり方』、『執行役員規程と作り方』、『執行役員制度の設計と運用』、『個人情報管理規程と作り方』『役員報酬・賞与・退職慰労金』、『取締役・監査役・会計参与規程のつくり方』、『労働時間、休暇管理マニュアル』、『フレックスタイム制度の設計と運用』、『人事考課表・自己評価表とつくり方』、『出向・転籍・派遣規程とつくり方』、『IT時代の就業規則の作り方』、『福利厚生規程・様式とつくり方』、『給与・賞与・退職金規程』、『すぐ使える育児・介護規程のつくり方』（以上、経営書院）など多数。

現住所：〒251-0027　藤沢市鵠沼桜が岡3―5―13
ＴＥＬ：0466（25）5041
ＦＡＸ：0466（25）9787

新卒・中途採用規程とつくり方

2013年7月19日　第1版　第1刷発行

著　者　荻原　　勝
発行者　平　　盛之

発行所　㈱産労総合研究所
出版部　経営書院

〒102-0093
東京都千代田区平河町2-4-7清瀬会館
電話 03(3237)1601　振替 00180-0-11361

落丁・乱丁はお取替えいたします　　印刷・製本　勝美印刷
ISBN978-4-86326-152-5